U1014902

浙江文化研究工程成果文庫

浙江文獻集成

浙江文叢

浙江省減賦全案

〔第三册〕

〔清〕興奎 等編纂

浙江古籍出版社

浙江省減賦全案 卷六

湖屬原徵細册

030507
1774

安吉縣

縣志開載實該安三區田九百九十五頃三十八畝七釐四毫

按該縣各則頃畝核與清賦冊報均屬相符

察縣志科則每畝原徵米一升九合七勺共徵米一千九百六十石九斗五抄七撮八圭

縣志開載實該長三區田九百八十頃六十二畝九分一釐七毫

按清賦案內與續報升科田合爲一則開報今照志書仍分兩則開列

察縣志科則每畝原徵米四升六合二勺共徵米四千五百三十石五斗六合七勺六抄五撮四圭

縣志開載實該新升田一頃一十一畝九分三毫

上海市歷史文獻圖書館藏

察縣志科則每畝原徵米二升九合九勺共徵米三石三斗四
升五合八勺九抄九撮七圭
縣志開載實該續報升科田二頃一十六畝五分七釐
察縣志科則每畝原徵米二升九合九勺共徵米六石四斗七
升五合四勺四抄三撮
縣志開載實該安三區地六百七頃八十八畝七分九釐六毫
察縣志科則每畝原徵米一升九合六勺共徵米一千一百九
十一石四斗六升四勺一撮六圭
縣志開載實該長三區地一百四十七頃九畝七分四釐二毫
察縣志科則每畝原徵米四升六合一勺五抄共徵米六百七
十八石八斗五升四合五勺九抄三撮三

圭

縣志開載實該新升地二頃六十七畝四分八釐二毫

按清賦案内與續報升科地合爲一則開報今照

志書仍分兩則開列

察縣志科則每畝原徵米二升三合一勺共徵米六石一斗七

升八合八勺三抄四撮二圭

縣志開載實該續報升科地四頃三十五畝一分四毫

察縣志科則每畝原徵米二升三合一勺共徵米一十石五升

九勺二撮四圭

縣志開載實該安三區蕩三十六頃六十畝三分二釐

察縣志科則每畝原徵米一升九合七勺共徵米七十二石一

斗八合三勺四撮

縣志開載實該長三區蕩八十二頃五十七畝五分二釐一毫

察縣志科則每畝原徵米四升六合二勺共徵米三百八十一

石四斗九升七合四勺七抄二圭

縣志開載實該新升蕩三十三畝一釐二毫

按清賦案內與續報升科蕩合爲一則開報今照

志書仍分兩則開列

察縣志科則每畝原徵米二升九合共徵米九斗五升七合三

勺四抄八撮

縣志開載實該續報升科蕩八畝五分五釐六毫

察縣志科則每畝原徵米二升九合共徵米二斗四升八合一

勺二抄四撮

據縣詳報寔該新升田五頃三十畝五分五釐九毫七忽六微五

塵

按前則田畝清賦案內漏未開報今據縣詳續經

察出該田前數應行補列以符徵解

察縣詳內稱應照升科田科則每畝原徵米二升九合九勺其

徵米一十五石八斗六升三合七勺一抄

六撮三圭八粟七粒三黍五糲

縣志內該縣人丁向不徵米

以上田地蕩十三則共原徵米八千八百五十八石四斗四

升七合八勺五抄九撮九圭八粟七粒三

黍五粞

按各則徵數係照科則核算必至糠粃而止而各

款解額因各屬全書未能一律檢齊皆照

奏冊編列無　奏冊者參矽全書志乘

登載但　奏冊以勺爲斷不列零尾故凡

照全書之有零額數亦皆包尾截尾開列

以歸劃一今因解額既不掛零故徵數抄

撮以下亦復不計註明備攷

遇閏應加徵米二十八石八斗七升一合五勺

按縣志內載原編月糧加閏米二十八石八斗七

升一合四勺三抄七撮五圭包尾前數案

核　奏冊內徵本色米二十八石二斗五
升七勺折徵米六斗二升八勺

無閏之年
原應共徵本折米八千八百五十八石四斗四升七合八勺內
除
免改折徵灰石米一百七十三石六斗五升六合
按　奏冊內載原編米前數並無升豁
行糧減存米七十六石六斗六合
按　奏冊內載原編行糧本折米二百四十一石
六斗六合並無升豁內徵本色米一百六
十五石外該徵折色前數

月糧折徵米七石八升五合八勺

按　奏冊內載原編月糧本折米三百四十六石四斗五升七合二勺並無升豁內徵本色米三百三十九石三斗七升一合四勺外

該徵折色前數

零積餘米六石二斗一升二勺

按縣志內載原編米六石二斗一升一勺九抄九撮二圭包尾前數並無升豁

共米二百六十三石五斗五升八合均攺米徵銀外

實應徵漕南本色米八千五百九十四石八斗八升九合八勺內

升科米五十三石一斗七升四合四勺

按縣志內載原編康熙六年升科米二十石六斗四升六合五勺四抄五撮內除置買耤田壇基免徵米一斗一升三勺二抄外實徵米二十石五斗三升六合二勺二抄五撮

又雍正十一年起至乾隆八年止新升米一十六石七斗七升四合四勺六抄九撮四圭參核 奏冊自乾隆八年以後至嘉慶十八年止尚有升科米一十五石八斗六升三合七勺一抄六撮四圭三其應徵米五十三石一斗七升四合四勺一抄八

圭蕆尾前數

共南糧米五十三石一斗七升四合四勺叉

正兌正米五千四百五十二石二斗

按　奏冊內載原編米五千五百七十石內除灰

石米一百一十七石八斗外該徵米前數

並無升豁

正兌耗米二千一百八十石八斗八升

按　奏冊內載原編米二千二百二十八石內除

灰石米四十七石一斗二升外該徵米前

數並無升豁

改兌正米二百八十八石七斗六升

按　奏冊內載原編米二百九十五石內除灰石
米六石二斗四升外該徵米前數並無升
豁

改兌耗米一百一十五石五斗四合
按　奏冊內載原編米一百一十八石內除灰石
米二石四斗九升六合外該徵米前數並
無升豁

行糧本色米一百六十五石
月糧本色米三百三十九石三斗七升一合四勺
其漕糧行月米八千五百四十一石七斗一升五合四
勺

有閏之年

原應其徵本折米八千八百八十七石三斗一升九合三勺內

除

兌改折徵灰石米一百七十七石三升七合

按漕灰米石常年徵米一百七十三石六斗五升六合遇閏加徵米三石三斗八升一合其

應徵米前數

行糧減存米七十六石六斗六合

按行糧側不計閏數與常年相同

月糧折徵米七石七斗六合六勺

按月糧折徵米石常年徵米七石八升五合八勺

遇閏加徵米六斗二升八勺共應徵米前
數
零積餘米六石二斗一升二勺
按零積餘米向不計閏數與常年相同
共米二百六十七石五斗五升九合八勺均改米徵銀
外
實應徵漕南本色米八千六百一十九石七斗五升九合五
勺内
升科米五十三石一斗七升四合四勺
按升科米石向不計閏數與常年相同
共南糧米五十三石一斗七升四合四勺又

正兌正米五千四百四十九石九斗五合

按正兌正米常年徵米五千四百五十二石二斗

遇閏續減灰石米二石二斗九升五合外

尙應徵米前數

正兌耗米二千一百七十九石九斗六升二合

按正兌耗米常年徵米二千一百八十石八斗八

升遇閏續減灰石米九斗一升八合外尙

應徵米前數

改兌正米二百八十八石六斗四升

按改兌正米常年徵米二百八十八石七斗六升

遇閏續減灰石米一斗二升外尙應徵米

前數

改兑耗米一百一十五石四斗五升六合

　按改兑耗米常年徵米一百一十五石五斗四合

　遇閏續減灰石米四升八合外尚應徵米

　前數

行糧本色米一百六十五石

　按行糧例不計閏數與常年相同

月糧本色米三百六十七石六斗二升二合一勺

　按月糧米石常年徵米三百三十九石三斗七升

　一合四勺遇閏加徵米二十八石二斗五

　升七勺外共應徵米前數

共漕糧行月米八千五百六十六石五斗八升五合一勺

歸安縣

全書開載實該立碑并三十七都雁丹青岳圩田一百五十四頃

五十畝九分八釐

接各則頃畝核與清賦册報均屬相符

察全書科則每畝原徵米二升二合六勺三抄六撮八圭四粟

六粒六黍二粞九糠六粃共徵米三百四

十九石七斗六升一合四勺六抄四撮五

圭三粟七粒一粞七糠

全書開載實該砂礫田二十五頃三畝九分六釐六毫

察全書科則每畝原徵米六升九合三勺八撮六圭八粒三黍

九粞二糠三粃共徵米一百七十三石五

斗四升六合三勺九抄八撮九圭二粟一
粒三黍八粞三糠四粃
全書開載實該區田六千八十頃四畝九釐八毫
察全書科則每畝原徵米一斗七升五合五勺三抄四撮七圭
六粟三粒九黍六糠八粃共徵米一十萬
六千七百二十五石八斗五升五合七勺
九抄六撮七圭九粟六粒八黍八粞九糠
九粃
全書開載實該沙瘦地二頃四十八畝二分九釐九毫
察全書科則每畝原徵米八合二抄四撮一圭五粟八粒四黍
八粞一糠四粃共徵米一石九斗九升二

合三勺九抄五圭二粟六粒七黍七粞三
糠一粃
全書開載實該升科地六畝
按清賦案內與新升沙瘦地合爲一則開報今按
全書仍分兩則開列
察全書科則每畝原徵米八合一勺七撮七圭四粟七粒七黍
七粞九糠三粃共徵米四升八合六勺四
抄六撮四圭八粟六粒六黍七粞五糠三
粃
全書開載實該新升沙瘦地八十三畝一分四釐五毫
察全書科則每畝原徵米八合一勺七撮七圭四粟七粒七黍

七粞九糠三粃共徵米六斗六升六合二
抄九圭四粟一粒三黍二粞二糠四粃一
全書開載實該區地一千三十二頃九畝六分三釐九毫
察全書科則每畝原徵米一升八合一勺九抄五圭一粟一粒
五黍四糠六粃共徵米一千八百七十七
石四斗三升六合一勺二抄五撮六圭一
粟五粒一黍一粞二糠八粃
全書開載實該新升地一十一畝七分七釐四毫
察全書科則每畝原徵米一升八合四勺四抄五撮一圭二粟
六粒三黍二粞二糠八粃共徵米二斗一
升七合一勺七抄二撮九圭一粟七粒三

黍二粞四糠六粃

畝實該山一千三百一十三頃二十七畝四分七釐一毫

察全書科則每畝原徵米六合二抄六撮一圭四粟一粒二黍

一粞二糠三粃其徵米七百九十一石三斗九升七合八勺九抄八撮四圭三粟二

粒九黍八粞二粃

全書開載實該蕩七百九十頃八十五畝四分九釐六毫

察全書科則每畝原徵米九合二抄七撮二圭八粒四粞九糠

五粃其徵米七百一十三石九斗二升一合二勺二抄六撮八粟九粒九黍一粃

全書開載實該淸出并續報升科蕩五頃一十五畝八分四釐一

毫

按清賦案內與新升蕩合爲一則開報今照全書

仍分兩則開列

察全書科則每畝原徵米九合一勺二抄一撮二圭三粟三粒

一黍三粞一糠二粃共徵米四石七斗五

合一勺六撮一粟九粒六黍三粞一糠二

粃

全書開載實該新升蕩一十畝八分

察全書科則每畝原徵米九合一勺二抄一撮二圭三粟三粒

一黍三粞一糠二粃共徵米九升八合五

勺九撮三圭一粟七粒八黍一粞七糠

全書內該縣人丁向不徵米

以上田地山蕩一十二則共應徵原科米一十一萬六百三十九石六斗四升六合七勺四抄六撮六圭三粒八黍二粞七糠

按全書內田地山蕩統共徵數抄撮以下尾數稍有未符今已按則算準結該前數並察各則徵數係照科則核算必至糠粃而止而各款解額因各屬全書未解一律檢齊皆照　奏冊編列無　奏冊者參攷全書志乘登載但　奏冊以勺爲斷不列零尾故凡照全書之有零額數亦皆包尾截尾開

列以歸劃一今解額既不掛零故徵數抄
撮以下亦復不計註明備攷

應加改漕春耗米無

按改漕春耗米石惟此縣已入科則在一十二萬
六百三十餘石之內無庸額外加派

遇閏應加徵米二石七斗九升六合二勺

按全書內載原編月糧加閏米二石七斗九升六
合二勺五抄六撮二圭五粟包尾前數並
無升豁內徵本色米二石七斗三升五合
九勺折徵米六升三勺參核一奏冊數亦
相符

無閏之年
原應共徵本折米一十一萬六百三十九石六斗四升六合七
勺內除
免改折徵灰石米一千八百三十一石七斗八升六合五
勺
按　奏冊內載原編米一千八百四十一石二斗
六升六合內除各案免徵銀合米九石四
斗七升九合五勺外尚該徵米前數
行糧減存米九百七十九石六升二合
按　奏冊內載原編行糧本折米二千六百三十
三石六斗二升一合內除各案免徵米一

十三石五斗五升九合外該徵米二千六百二十石六升二合內徵本色米一千六百四十一石外該徵折色前數

月糧折徵米六斗八升六合二勺

按　奏冊內載原編月糧本折米三十三石五斗五升三合八勺內除各案免徵米一斗七升二合七勺外該徵米三十三石三斗八升一合一勺內徵本色米三十二石六斗九升四合九勺外該徵折色前數

經費折徵米三百二石一升六合三勺

按　奏冊內載原編白糧經費食本折米一千二

百四十七石一升六合三勺並無升豁內
徵本色米九百四十五石外該徵折色前
數
零積餘米三十五石二斗三升三合五勺
按全書內載原編米三十五石二斗三升三合四
勺七抄二撮四粟九粒七黍包尾前數
孤貧口糧米三百二十四石
按全書內載原編米前數
共米三千四百七十二石七斗八升四合五勺均收米
徵銀外
實應徵漕南本色米一十萬七千一百六十六石八斗六升

二合二勺內

原白改糙南米六百一十八石四斗一升八合三勺

按全書內載原編白正米四百四十九石七斗五升八合七勺每正米一石準糙平米一石三斗七升五合共該米六百一十八石四斗一升八合二勺一抄二撮五圭包尾前數

原糙南米八千一百九十七石五斗三升九合一勺

按全書內載原編糙正米六千六百六十四石九斗一升三合七勺六抄三圭八粟五粒每石加耗米二斗五升共該米八千三百三

十一石一斗四升二合二勺四圭八粟一
粒二黍五糒内除耤田壇基免徵米八斗
六升八合八勺一抄七撮三圭七粟五粒
七糠六粃又各案免徵米一百三十二石
七斗三升五合二勺六撮六圭四粟六粒
四黍七糠八粃外該徵米八千一百九十
七石五斗三升八合一勺七抄六撮四圭
五粟九粒八黍三糒四糠六粃參核　奏
冊列徵米前數自應按照　奏冊編徵以
符解額且若按全書載數計多徵少解米
九勺更屬徵解不符合併註明備攷

原糙項下夫船耗米一百九十六石七斗六升一合九勺

按全書內載每正米一石加夫船耗米三升共該徵米一百九十九石九斗四升七合四勺一抄二撮八圭一粟一粒五黍五糲內除各案免徵米三石一斗八升五合五勺六抄一撮九圭三粟三粒二黍二糲六糠二粃外該徵米一百九十六石七斗六升一合八勺五抄八圭七粟八粒三黍二糲三糠八粃包尾前數

升科米三十五石七斗六升九合一勺

按全書內載自康熙六年起至乾隆二十二年止

丈量升科共米三十五石七斗六升九合

一勺一抄四撮三圭七粟三粒一黍三糲

二穅八粃截尾前數

共南糧米九千四十八石四斗八升八合四勺又

正兌正米五萬七千二百五十七石七斗七升一合二勺

按　奏冊內載原編米五萬八千八百一十五石

內除灰石米一千二百四十三石八斗三

升再除各案免徵米三百一十三石三斗

九升八合八勺外該徵米前數

正兌耗米二萬二千九百三石一斗八合五勺

按　奏冊內載原編米二萬三千五百二十六石

內除灰石米四百九十七石五斗三升二
合再除各案免徵米一百二十五石三斗
五升九合五勺外該徵米前數
改兌正米三千二百一石六斗四升
按奏冊內載原編米三千三百七十三石內除
灰石米七十一石三斗六升外該徵米前
數
改兌耗米一千三百二十石六斗五升六合
按奏冊內載原編米一千三百四十九石二斗
內除灰石米二十八石五斗四升四合外
該徵米前數

改漕正米四千一百一十九石六斗三升六合
耗米一千六百四十七石八斗五升四合四勺
白糧正米三千四百一十三石一斗一升二合三勺
耗米一千五百三十五石九斗五勺
按改漕白糧正耗四款　奏册開載各前數因乾隆四十一年尚有白糧改漕之案已將原編白糧正耗併隨徵加三舂耗一併改爲漕糧凡係乾隆四十一年以前編纂全書志乘所載改漕白糧各數均與現在額數不符應以現在　奏册載數爲凖
行糧本色米一千六百四十一石

月糧本色米三十二石六斗九升四合九勺
經費本色米九百四十五石
共漕白改漕行月食米九萬八千一百一十八石三斗
七升三合八勺
有閏之年
原應共徵本折米一十一萬六百四十二石四斗四升二合九
勺內除
兌改折徵灰石米一千八百六十七石六斗六升四合三
勺
按漕灰米石常年徵米一千八百三十一石七斗
八升六合五勺遇閏加徵米三十五石八

斗七升七合八勺共米前數

行糧減存米九百七十九石六升二合

按行糧例不計閏數與常年相同

月糧折徵米七斗四升六合五勺

按月糧折徵米石常年徵米六斗八升六合二勺

遇閏加徵米六升三勺共徵米前數

經費折徵米三百二石一升六合三勺

零積餘米三十五石二斗三升三合五勺

孤貧口糧米三百二十四石

按前三欵均不計閏數與常年相同

共米三千五百八石七斗二升二合六勺均改米徵銀

外

實應徵漕南本色米一十萬七千一百三十三石七斗二升

三勺內

原白晚糙南米六百一十八石四斗一升八合三勺

原糙南米八千一百九十七石五斗三升九合一勺

原糙項下夫船耗米一百九十六石七斗六升一合九勺

升科米三十五石七斗六升九合一勺

按前四款均不計閏數與常年相同

共南糧米九千四十八石四斗八升八合四勺又

正兌正米五萬七千二百三十三石四斗八升八合二勺

按正兌正米常年徵米五萬七千二百五十七石

七斗七升一合二勺遇閏續減灰石米二
十四石二斗八升三合外尚該徵米前數

正兌耗米二萬二千八百九十三石三斗九升五合三勺
按正兌耗米常年徵米二萬二千九百三石一斗
八合五勺遇閏續減灰石米九石七斗一
升三合二勺外尚該徵米前數

改兌正米三千三百石二斗九升六合
按改兌正米常年徵米三千三百一石六斗四升
遇閏續減灰石米一石三斗四升四合外
尚該徵米前數

改兌耗米一千三百二十石一斗一升八合四勺

按改兌耗米常年徵米一千三百二十石六斗五升六合遇閏續減灰石米五斗三升七合六勺外尚該徵米前數

改漕正米四千一百一十九石六斗三升六合

耗米一千六百四十七石八斗五升四合四勺

白糧正米三千四百一十三石一斗一升二合三勺

耗米二千五百三十五石九斗五勺

行糧本色米一千六百四十二石

按前五欵均不計閏數與常年相同

月糧本色米三十五石四斗三升八勺

按月糧本色米石常年徵米三十二石六斗九升

四合九勺遇閏加徵米二石七斗三升五

合九勺共米前數

經費本色米九百四十五石

按前欵例不計閏數與常年相同

共漕白改漕行月食米九萬八千八十五石二斗三升

一合九勺

烏程縣

據縣察復實該圩田七千一百七十一頃二十一畝九分九釐四
毫一絲六忽二微二塵三漠四埃九纖三
沙

按該縣並無全書可稽惟湖州府志內載原額圩
田七千二百七十八頃三十五畝一釐四
毫按後列科則核算該徵米一十三萬二
千四百九十四石七斗四升七合五勺六
抄八撮三圭八粟一粒七黍八粞五糠七
粃參核　奏冊應加乾隆九等年升科米
二石四斗四升四合二勺按則核算該升

科田一十三畝四分二釐六毫七絲五忽
三微六塵九渺三漠一纖五沙共該田七
千二百七十八頃四十八畝四分四釐七
絲五忽三微六塵九渺三漠一纖五沙按
後列科則核算該徵米一十三萬二千四
百九十七石一斗九升一合七勺六抄八
撮三圭八粟一粒七黍八粞五糠七粃今
按　奏冊所列豁免米數除地山蕩三則
豁米外計自清丈以後至咸豐六年止該
豁田則米一千九百五十二石六斗三升
七合二勺五抄六圭四粟七粒七粞四粃

按則科算該谿田一百七頃二十六畝四分四釐六毫五絲九忽一微四塵八渺九漠五埃二纖二沙除谿尚應存田前數今據該縣察復核數相符惟與清賦册報計多列田四頃有奇核係原報未準應行更正合並登明

每畝核該徵米一斗八升二合三抄九撮五圭三粟五粒八粞六糠七粃其徵米一十三萬五百四十四石五斗五升四合四勺一抄七撮七圭三粟四粒七黍一粞五糠三粃

按該縣並無全書原科細數無從稽考今核郡邑

各志所載均係縣中實徵本色科則已將
改米徵銀各款概行剔除其不入賦役全
書科則之白糧項下加三春耗及南糧項
下省兵耗米轉巳科徵在內今照全書辦
法應將春耗南耗按數提出並將折徵各
款仍復科入方與各縣辦法相符而與
奏冊亦合惟原科南耗各數志內僅一零
字細數並未載明府志亦然無從攷核今
就遠年志乘所載科則應除則除應加則
加科出應徵數目編徵惟南耗春耗之零
字除地山蕩米數無多概不核計外所有

圩田一則今以原額米數按原額頃畝扣
出應徵科則如府志內載原額圩田七千
二百七十八頃三十五畝一釐四毫以原
額應徵米一十三萬二千四百九十四石
七斗四升七合五勺六抄八撮三圭九粟
二粒九黍三稨六糠一粃科算每畝該徵
米前數內按數科派該折徵米五合一勺
二抄四撮八圭二粟四粒三黍七稨三糠
八粃該本色米一斗七升六合九勺一抄
四撮七圭一粟七黍一稨二糠九粃今按
各原額所科本色米數較之縣志內載科

則除所加省兵耗米及加三春耗米石仍
復按數扣除外實應徵米一斗七升六合
九勺八抄七撮七圭一粟四粒六黍一糲
八糠四粃之數僅不符米七抄三撮三粒
九黍五糠五粃即係南耗春耗之零數今
從原額頃畝及共徵總數扣出每畝應徵
科則是探本窮源之法大致可期無誤理
合登明

府志開載實該地七百九十六頃九十一畝一分三釐二毫九絲
按該縣清賦案內冊報地則頃畝核與乾隆二十
二年府志所載計加增地四十頃有奇第

察　奏冊內自乾隆十三年以後並無升
科之案所有地則頃畝應照乾隆二十二
年纂編府志所載頃畝爲準茲察府志內
載原額地八百三十五頃二十二畝五分
四釐九毫按後列科則核算該徵米一千
五百二十二石七斗八升八合七勺一抄
九撮七圭六粟六黍三糲五糠七粃今府
志列存地前數計自清丈以後至乾隆二
十二年止該豁地三十八頃三十一畝四
分一釐六毫一絲該豁米六十九石八斗
五升四合六勺三抄五撮五圭一粟六粒

三黍二粞三糠六粃

每畝核該徵米一升八合二勺三抄二撮六粟七粒一黍二粞

四糠三粃共徵米一千四百五十二石九

斗三升四合八抄四撮二圭四粟四粒三

黍一粞二糠一粃

按縣志內載每畝原徵米一升八合三勺零加南

糧省兵耗米一勺四抄零又白糧舂耗米

二勺五抄又除乾隆二年改白徵糙項下

豁免白耗食米五勺九抄其該徵米一升

八合一勺八撮七圭三粟五粒二黍三粞

二糠七粃今將所加省兵耗米及加三舂

耗仍復按數扣除另加折徵米五勺一抄
三撮三圭三粟一粒八黍九粞一糠六粃
核該徵米前數
府志開載實該山二千五百三十九頃七十七畝四分七釐四毫
六絲
按該縣清賦案內冊報之山與乾隆二十二年府
志所載頃畝相符茲察府志內載原額山
二千六百八十八頃三十四畝六分三釐
九毫按後列科則核算該徵米一千二百
六十五石六斗三升八合九勺一撮八圭
二粟五粒三黍九粞三糠三粃今府志列

存山前數計自清丈以後至乾隆二十二
年止該謚山一百四十八頃五十七畝一
分六釐四毫四絲該謚米六十九石九斗
四升五合六勺一抄九撮七粒二黍八粞
六糠三粃
每畝核該徵米四合七勺七撮八圭七粟一粒三黍七粞六糠
共徵米一千一百九十五石六斗九升三
合二勺八抄二撮八圭一粟八粒一黍七
糠
按縣志内載每畝原徵米四合七勺零加南糧省
兵耗米三抄七撮零及白糧舂耗米六抄

四撮零除乾隆二年改白徵糙項下豁免
白耗食米一勺三抄一撮零共該徵米四
合六勺七抄六撮三圭一粟一粫三糠八
粃今將所加省兵耗米及加三舂耗仍復
按數扣除另加折徵米一勺三抄二撮五
圭六粟一粒三黍六粫二糠二粃核該徵
米前數
府志開載實該蕩四百二十四頃九十二畝六分二釐四毫六絲
按該縣清賦案內冊報蕩則頃畝核與乾隆二十
二年府志所載計加增蕩六十三頃有奇
第察　奏冊內自乾隆十三年以後並無

升科之案所有蕩則頃畝應照乾隆二十二年編纂府志所載頃畝爲準茲察府志內載原額蕩四百五十四頃四十九畝七分二氂九毫按後列科則核算該徵米二百一十八石六斗二升九勺三抄一撮三圭七粟三黍九糠八粃今府志列存蕩前數計自淸丈以後至乾隆二十二年止該豁蕩二十九頃五十七畝一分四毫四絲該豁米一十四石二斗二升四合一勺七抄五撮四圭一粟九粒九黍九糲五糠二粃每畝核該徵米四合八勺一抄一圭七粟一黍八糲五糠四粃

共徵米二百四石三斗九升六合七勺五
抄五撮九圭五粟三黍一粞四糠六粃
按縣志內載每畝原徵米四合八勺三抄零加南
糧省兵耗米三抄八撮零及白糧舂耗米
六抄五撮零除乾隆二年改白徵糙項下
豁免白耗食米一勺五抄七撮共該徵米
四合七勺七抄七撮七圭四粟一粒八黍
三粞六糠三粃今將所加省兵耗米及加
三舂耗仍復按數扣除另加折徵米一勺
三抄五撮四圭二粟八粒三黍四粞九糠
一粃核該徵米前數

府志內該縣人丁向不徵米

按府志戶口門內僅載每市民一丁徵銀四分每

鄉民一丁徵銀五分二釐並未載有應徵

米數其爲丁不徵米可知

以上田地山蕩四則共應徵原科米一十三萬三千三百九

十七石五斗七升八合五勺四抄七圭四

粟七粒四黍四糒九糠

按府志所載原額田地山蕩各則頃畝併按現在

核準科則核算共該徵原額米一十三萬

五千五百一石七斗九升六合一勺二抄

一撮三圭三粟八粒一黍二糒四糠五粃

参核　奏冊應加乾隆九等年升科

灰石米四升二合七勺

行糧米五升五合五勺

月糧米四勺

正兌正米一石四斗六合五勺

正兌耗米五斗六升二合六勺

南糧米三斗七升六合五勺包尾爲五勺

共升米二石四斗四升四合二勺連原額共該

米一十三萬五千五百四石二斗四升三

勺二抄一撮三圭三粟八粒一黍二糯四

糠五粃内除白滷丈起至咸豐六年止豁

免案內該豁

灰石米三十六石六升一合八勺

行糧米四十七石二升六合二勺

月糧米三斗三合八勺

正兌正米一千一百九十二石二斗九升九合五勺

正兌耗米四百七十六石九斗一升九合八勺

南糧正米三百四十五石七斗五升二合六勺一抄七撮七圭六粟四粒三黍三糲一

糠五粃

夫船耗米八石二斗九升八合六抄二撮八
圭二粟六粒三黍四粞四糠
按該縣原額其徵總數與現在共徵總數比較其
該豁米二千一百六石六斗六升一合七
勺八抄五圭九粟六黍七粞五糠五粃除
奏册所列應豁灰石行月正兌正耗米
一千七百五十二石六斗一升一合一勺
外該豁南糧正耗米各前數
共豁米二千一百六石六斗六升一合七勺八
抄五圭九粟六黍七粞五糠五粃外尚應
徵米前數

又加乾隆四十一年白糧改漕項下加三舂耗米三十二石
二斗二升一合
按湖州府志內載初次改漕以後額徵白糧正耗
米六千一百五十二石九斗六升二合二
勺參核現在　奏冊額徵米六千四十五
石五斗五升八合八勺二次白糧改漕計
米一百七石四斗三合四勺核該加三舂
耗前數
兩共米一十三萬三千四百二十九石七斗九升九合五勺
四抄七圭四粟七粒四黍四稷九糠
按各則徵數係照科則核算必至糠粃而止而各

款解額因各屬全書未能一律檢齊皆照
奏冊編列無　奏冊者參攷全書志乘
登載但　奏冊以勺爲斷不列零尾故凡
照全書之有零額數亦皆包尾截尾開列
以歸劃一今因解額旣不掛零故徵數抄
撮以下亦復不計詳明備攷

遇閏應加徵米一石五斗一升九合五勺
　按　奏冊內載原編月糧加閏米前數並無升谿
　　內徵本色米一石四斗八升六合八勺折
　　徵米三升二合七勺

無閏之年

原應共徵本折米一十三萬三千四百二十九石七斗九升九合五勺内除
兊改折徵灰石米二千一百三十石三斗九升六合九勺
按該縣志乘款多舛錯今冊内所載各款除無
奏冊可稽之零積孤糧夫船耗米外其餘
均以　奏冊爲憑並察　奏冊内載原編
前項米二千一百六十六石四斗一升六
合内除各案免徵銀合米三十六石六升
一合八勺加乾隆九等年升科銀合米四
升二合七勺外尚應徵米前數惟清賦案
内未扣各案豁米漏加升科米石以致折

徵總數核與此册不符合並登明

行糧減存米一千四百九斗一升三合三勺

按　奏册內載原編行糧本折米二千八百二十四石八斗八升四合內除各案免徵米四十七石二升六合二勺加乾隆九等年升科米五升五合五勺外該徵米二千七百七十七石九斗一升三合三勺內徵本色米一千七百七十三石外該徵折色前數

月糧折徵米三斗七升三合

按　奏册內載原編月糧本折米一十八石二斗三升四合四勺內除各案免徵米三斗三

合八勺加乾隆九等年升科米四勺外該
徵米一十七石九斗三升一合內徵本色
米一十七石五斗五升八合外該徵折色
前數
經費折徵米三百四十五石四斗二升五合五勺
按　奏冊內載原編白糧經費食本折米一千四
百七十九石四斗二升五合五勺不扣升
豁內徵本色米一千一百三十四石外該
徵折色前數
零積餘米九石六斗七升二合六勺
孤貧口糧米二百六十二石六斗一升

按前二款均照縣志所載銀數合米包尾登載惟

湖屬零積孤糧兩款改折之後曾奉兩次

減免所列前數似係除減應徵之數而米

款內應照原額計算今原額米數無案可

稽係就志載數目開列註明備攷

共米三千七百五十三石三斗九升一合三勺均改米

徵銀外

實應徵漕南本色米一十二萬九千六百七十六石四斗八

合二勺丙

原白改糙南米七百六十七石四斗四升九合一勺

按該縣並無全書志乘僅載總數南米不分白糙

今察縣志內載該徵南文米一萬五千三十八石三斗七升四合九勺二抄一撮四粒八黍八糯五糠五粃內除向不徵耗之升科等米七十六石四斗二升五合七勺四抄六圭二粟九黍一糯二糠外縣志係乾隆年間編纂今升科米察照冊截至康熙四十四年止奏該南糙米一萬四千九百六十一石九斗四升九合一勺八抄三圭八粟三粒九黍七糯三糠五粃按志載夫船耗米三百四十石六斗六升八合三撮五圭二粟六粒三黍二糯四糠六粃以每石徵耗三升科算湖屬每徵糙正米一

石該徵夫船耗米三升該徵正米一萬一千三百五十五石六斗一勺一抄七撮五圭四粟四粒二黍五粞三糠三粃每石加進倉耗米二斗五升共該正耗米一萬四千一百九十四石五斗一勺四抄六撮九圭三粟一黍九粞一糠六粃今將是項南糙正耗剔除外計應徵原白改糙米七百六十七石四斗四升九合三抄三撮四圭五粟三粒七黍八粞一糠九粃包尾前數並察湖屬原徵白正米一石准糙平米一石三斗七升五合按數科算該白正米五百五十八

石一斗四升四合七勺五抄一撮六圭二

粒七黍五粞五粃准糙平米前數

原糙南米一萬三千九百八十石七斗三升八合三勺

按南米　奏冊僅載現徵米數並無原額開載今

察清丈至今該豁南糙米三百四十五石

七斗五升二合六勺一抄七撮七圭六粟

四粒三黍三粞一糠五粃連　奏冊開載

現徵南糙米一萬三千九百八十石七斗

三升八合三勺八撮七圭二粟、粒八黍

五粞四糠九粃奏冊載米一萬四千七百四十八石一斗八升七合三勺四抄二撮一圭七粟五粒六黍三粞六糠八粃除原白米外該徵原糙米此

數
共該原額正耗米一萬四千三百二十
六石四斗九升九勺二抄六撮四圭八粟
六粒一黍八粞六糠四粃內正米一萬一千四百六十一
石一斗九升二合七勺四抄一撮一圭八
粟八粒九黍四粞九糠一粃二五進倉耗
米二千八百六十五石二斗九升八合一
勺八抄五撮二圭九粟七粒二黍三粞七
糠三粃內除各案豁免米三百四十五石七
斗五升二合六勺一抄七撮七圭六粟四
粒三黍三粞一糠五粃外尚應徵米一萬
三千九百八十石七斗三升八合三勺八
撮七圭二粟一粒八黍五粞四糠九粃截
尾前數

原糙項下夫船耗米三百三十五石五斗三升七合七勺

按湖屬各縣每徵糙正米一石加夫船耗米三升

前列原額正米一萬一千四百六十一石

一斗九升二合七勺四抄一撮一圭八粟

八粒九黍四粞九穅一粃該徵夫船耗米

三百四十三石八斗三升五合七勺八抄

二撮二圭三粟五粒六黍六粞八穅五粃

內除隨正豁免米八石二斗九升八合六

抄二撮八圭二粟六粒三黍四粞四穅外

尚該徵米三百三十五石五斗三升七合

七勺一抄九撮四圭九粒三黍二粞四穅

五粃截尾前數

升科米七十六石八斗二合二勺

按　奏冊內載原編升科米七十三石五斗四合三勺四撮七圭清出升科米一石八斗五升四合二勺二抄八撮七圭四粟八粒一黍八粞二糠六粃康熙二十九年升科米一石六升七合二勺七撮一圭七粟二粒七黍二粞九糠四粃乾隆九年至十三年升科米三斗一合九抄一撮一圭三粟九粒一黍九粞五糠六粃乾隆三十三年升科米七升五合四勺共米七十六石八斗

二合二勺三抄一撮七圭六粟一黍七糠
六粃截尾前數
共南糧米一萬五千一百六十石五斗二升七合二勺
又
正兌正米六萬六千二百六十八石六斗三升七合
按　奏冊內載原編米六萬八千九百一十七石
內除灰石米一千四百五十七石四斗七
升又各案免徵米一千一百九十二石二
斗九升九合五勺加乾隆九等年升科米
一石四斗六合五勺外尙該徵米前數
正兌耗米二萬六千五百七石四斗五升四合八勺

按　奏册内載原編米二萬七千五百六十六石八斗内除灰石米五百八十二石九斗八升八合又各案免徵米四百七十六石九斗一升九合八勺加乾隆九等年升科米五斗六升二合六勺外尚該徵米前數

改兌正米四千一百六十四石三升

按　奏册内載原編米四千二百五十四石内除灰石米八十九石九斗七升外尚該徵米前數

改兌耗米一千六百六十五石六斗一升二合

按　奏册内載原編米一千七百一石六斗内除

灰石米三十五石九斗八升八合外尚該

徵米前數

改漕正米四千九百五十七石一斗六升四合五勺

耗米一千九百八十二石八斗六升五合八勺

白糧正米四千一百六十九石三斗五升九勺

耗米一千八百七十六石二斗七合九勺

按改漕白糧正耗四款　奏冊開載各前數因乾

隆四十一年尚有白糧改漕之案已將原

編白糧正耗并隨徵加三舂耗一併改爲

漕糧凡係乾隆四十一年以前編纂全書

志乘所載改漕白糧各數均與現在額數

不符應以現在　奏冊載數爲準
行糧本色米一千七百七十三石
月糧本色米二十七石五斗五升八合
經費食本色米一千一百三十四石
共漕白改漕行月食米一十一萬四千五百一十五石
八斗八升九勺
有閏之年
原應共徵本折米一十三萬三千四百三十一石三斗一升九
合內除
兑改折徵灰石米二千一百七十二石六斗七升五合五
勺

按漕灰米石常年徵米二千一百三十石三斗九
升六合九勺遇閏加徵米四十二石二斗
七升八合六勺共應徵米前數

行糧減存米二千四百石九斗一升三合三勺
按行糧減存米石向不計閏數與常年相同

月糧折徵米四斗五合七勺
按月糧折徵米石常年徵米三斗七升三合遇閏
加徵米三升二合七勺共應徵米前數

經費折徵米三百四十五石四斗二升五合五勺

零積餘米九石六斗七升二合六勺

孤貧口糧米二百六十二石六斗一升

按前三款均不加閏數與常年相同

其米三千七百九十五石七斗二合六勺均改米徵銀

外

實應徵漕南本色米一十二萬九千六百三十五石六斗一

升六合四勺內

原白改糙南米七百六十七石四斗四升九合一勺

原糙南米一萬三千九百八十石七斗三升八合三勺

原糙項下夫船耗米三百三十五石五斗三升七合七勺

升科米七十六石八斗二合二勺

按前四款均不計閏數與常年相同

共南糧米一萬五千一百六十石五斗二升七合三勺

又

正兌正米六萬六千二百四十石一斗八升八合

按正兌正米常年徵米六萬六千二百六十八石六斗三升七合遇閏續減灰石米二十八石四斗四升九合外尚應徵米前數

正兌耗米二萬六千四百九十六石七升五合二勺

按正兌耗米常年徵米二萬六千五百七石四斗五升四合八勺遇閏續減灰石米一十一石三斗七升九合六勺外尚應徵米前數

改兌正米四千一百六十二石二斗八升

按改兌正米常年徵米四千一百六十四石三升

遇閏續減灰石米二石七斗五升外尚應
徵米前數
改兌耗米一千六百六十四石九斗一升二合
按改兌耗米常年徵米一千六百六十五石六斗
一升二合遇閏續減灰石米七斗外尚該
徵米前數
改漕正米四千九百五十七石一斗六升四合五勺
耗米一千九百八十二石八斗六升五合八勺
白糧正米四千一百六十九石三斗五升九勺
耗米一千八百七十六石二斗七合九勺
行糧本色米一千七百七十三石

按前五款均不計閏數與常年相同

月糧本色米一十九石四升四合八勺

按月糧本色常年徵米一十七石五斗五升八合

遇閏加徵米一石四斗八升六合八勺共

該徵米前數

經費食本色米一千一百三十四石

按前款例不計閏數與常年相同

共漕白旼漕行月食米一十一萬四千四百七十五石

八升九合一勺

原額頃畝及原額應徵米數附載冊尾備察

府志內載原額圩田七千二百七十八頃三十五畝一釐四毫

按現在核準科則每畝應徵米一斗八升二合三

抄九撮五圭三粟五粒八粞六糠七粃

共應徵米一十三萬二千四百九十四石七斗四升七

合五勺六抄八撮三圭八粟一粒七黍八

粞五糠七粃

府志內載原額地八百三十五頃二十二畝五分四釐九毫

按現在核準科則每畝應徵米一升八合二勺三

抄二撮六粟七粒一黍二粞四糠三粃

共應徵米一千五百二十二石七斗八升八合七勺一

抄九撮七圭六粟六黍三糲五糠七粃

府志內載原額山二千六百八十八頃三十四畝六分三釐九毫

按現在核準科則每畝應徵米四合七勺七撮八圭七粟一粒三黍七糲六糠

共應徵米一千二百六十五石六斗三升八合九勺一撮八圭二粟五粒三黍九糲三糠三粃

府志內載原額蕩四百五十四頃四十九畝七分二釐九毫

按現在核準科則每畝應徵米四合八勺一抄一圭七粟一黍八糲五糠四粃

共應徵米二百一十八石六斗二升九勺三抄一撮三

圭七粟三黍九糠八粃

統共應徵米一十三萬五千五百一石七斗九升六合一勺

二抄一撮三圭三粟八粒一黍二𥻆四糠

五粃

長興縣

縣志開載實該高阜田八百一十三頃九十六畝五分八釐八毫

按該縣各則頃畝核與清賦冊報均屬相符

察縣志内載遵照全書科則每畝原徵米一升八合五勺四抄

二撮四圭四粟其徵米一千五百九石二斗九升一合三勺四抄九撮一圭九粟四粒七黍二粞

縣志開載實存攺則功臣平坦山鄉低澇田六千三百六十八頃二十一畝二分一釐

按淸賦案内功臣平坦田畝分爲兩則開報今照縣志并作一則開列

察縣志續改科則每畝徵米八升八合六勺五抄三撮九圭四

粒一黍六糠九粃共徵米五萬六千四百

五十六石六斗八升六合四勺八抄四撮

五圭八粟二粞七糠三粃

按縣志內載功臣田七頃二十七畝零每畝原徵

米八升六合七勺零續於乾隆三十五年

奉　文改則與平坦山脚低澇田畝一則

科徵至平坦山脚低澇田六千三百六十

頃零每畝原徵米八升六合六勺零續經

改則徵收今實存功臣平坦等田前數遵

照所改前數一則科徵

縣志開載實該地一千二十三頃二十五畝八分二毫
察縣志續定科則每畝徵米四勺一抄九圭二粟共徵米四十
二石六合六勺三抄六撮五圭五粟七粒
八黍四糲
縣志開載實該蕩三百九十八頃三十二畝二分一釐七毫
察縣志續定科則每畝徵米五勺二抄五撮八圭一粟五粒二
黍四糲八糠八粃共徵米二十石九斗四
升四合三勺八抄七撮九粟三粒一黍一
糲六粃
縣志內該縣人丁向不徵米
按縣志內載市民每丁徵銀三分有奇鄉民每丁

徵銀四分有奇並未載有應徵米數其爲

丁不徵米可知

以上田地蕩四則其應徵原科米五萬八千二十八石九斗

二升八合八勺四抄七撮四圭二粟四粒

六黍九糲七糠九粃

又加乾隆四十二年白糧改漕項下加三舂耗米一十六石

二斗一升六合

按湖州府志內載初次改漕以後額徵白糧正耗

米二千三百八十一石八斗八升二合二

勺參核現在　奏冊額徵米二千三百二

十七石八斗二升八合九勺二次白糧改

漕計米五十四石五升三合三勺核該加
三舂耗前數
又加徵不敷解米二斗七升八合三勺
按各則科算計應徵原科并加三舂耗共米五萬八
千四十五石一斗四升四合八勺零而察
核本折各解額共應解米五萬八千四十
五石四斗二升三合一勺計徵不敷解米
前數應請由縣籌補統歸新升南米一款
湊解足數以歸簡易而符　奏額
三共米五萬八千四十五石四斗二升三合一勺四抄七撮
四圭二粟四粒六黍九糲七糠九粃

按各則徵數係照科則核算必至糠粃而止而各款解額因各屬全書未能一律檢齊皆照奏冊編列無奏冊者參攷全書志乘登載但奏冊以勺爲斷不列零尾故凡照全書之有零額數亦皆包尾截尾開列以歸劃一今因解額既不掛零故徵數抄撮以下亦復不計註明備攷

遇閏應加徵米一十六石三斗一升一合三勺

按縣志內載遇閏加徵月糧米一十六石三斗一升一合一勺八抄七撮五圭而奏冊內載原編月糧加閏米前數並無升谿內徵

本色米一十五石九斗五升九合九勺折

徵米三斗五升一合四勺今從　奏册編

徵

無閏之年

原應其徵本折米五萬八千四十五石四斗二升三合一勺內

除

正兌折徵灰石米一千四十三石一斗四升

按　奏册內載原編米前數並無升豁

行糧減存米六百五十九石二斗三升四合

按　奏册內載原編行糧本折米一千六百一十

石二斗三升四合並無升豁內徵本色米

九百五十一石外該徵折色前數

月糧折徵米四石三合一勺

按　奏冊內載原編月糧本折米一百九十五石七斗三升四合二勺並無升豁內徵本色米一百九十一石七斗三升一合一勺外該徵折色前數

經費折徵米一百四十四石六升

按　奏冊內載原編白糧經費食本折米五百八十五石六升並無升豁內徵本色米四百四十一石外該徵折色前數

零積餘米七石七斗七升七合

按縣志內載編徵米七石七斗七升六合九勺九
抄一撮九圭二粟七粒五黍三糯六糠包
尾前數
孤貧口糧米一百三十三石二斗
按縣志內載編徵米前數
共米一千九百九十一石四斗一升四合一勺均攺
米徵銀外
實應徵漕南本色米五萬六千五十四石九合內
原白攺糙南米二百八十五石二斗二勺
按縣志內載原編白正米二百七石四斗一升八
合三勺每白正米一石准糙平米一石三

斗七升五合共該米二百八十五石二斗

一勺六抄二撮五圭包尾前數並無升豁

原糙南米七百五十二石四斗四升七合八勺

按縣志內載原編糙正米六百二石五斗一升八

勺五抄八圭七粟八粒八黍每石加耗米

二斗五升共該米七百五十三石一斗三

升八合五勺六抄三撮五圭九粟八粒五

黍除功臣田改則減徵米三升七合五勺

還買耤田壇基免徵米六斗五升三合二

勺八抄七撮九圭五粟外實該米七百五

十二石四斗四升七合七勺七抄五撮六

圭四粟八粒五黍包尾前數續無升豁

原糙項下夫船耗米一十八石七升五合三勺

按縣志內載每正米一石隨徵夫船耗米三升共該徵米一十八石七升五合三勺二抄五撮五圭二粟六粒三黍六粞四糠截尾前數惟正米既有豁免米石耗米亦應隨正扣免今核縣志列米前數應照縣志開列以符徵解

升科米五十三石一升九合三勺

按縣志內載康熙六年丈量升科米六斗八升五合二勺八抄三撮二圭三粟十六年清出

升科米三十九石一斗一升七合五勺三
抄四撮九圭三粒六粞八糠一粃三十三
年清出升科米一石六斗一升八勺一抄
三撮四圭二粟七粒三黍五粞五糠四十
四年清出升科米一石一斗一升七合五
抄四撮五圭七粟六黍三粞一糠八粃四
十六年清出升科米一石一斗二升五合
七勺六抄七撮五圭二粟五粒七黍九糠
八粃五十九年清出升科米九石九升二
合九勺五抄四撮五圭八粟八粒九黍八
粞八粃雍正十年新升米一斗四升七合

九勺五抄七撮三圭二粒八黍十一年新
升米二升一合九勺一抄六圭七粟六粒
八黍六稴六糠四粃其米五十三石一升
九合（奏冊內以散款計算僅止六合而以通共米數合計仍應九合）二
勺七抄六撮二圭二粟五粒四黍一稴一
糠九粃內在各則科徵米五十二石七斗
四升九勺七抄六撮二圭二粟五粒四黍
一稴一糠九粃籌補米二斗七升八合三
勺共米包尾前數

共南糧米一千一百八石七斗四升二合六勺又
正兌正米三萬四千四百八十五石九斗

按　奏冊內載原編米三萬五千二百三十一石

內除灰石米七百四十五石一斗外該徵

米前數並無升豁

正兌耗米一萬三千七百九十四石三斗六升

按　奏冊內載原編米一萬四千九十二石四斗

內除灰石米二百九十八石四升外該徵

米前數並無升豁

改漕正米一千九百六十六石七斗四升七合四勺

耗米七百八十六石六斗九升九合

白糧正米一千六百五石三斗九升九合二勺

耗米七百二十二石四斗二升九合七勺

按改漕白糧正耗四款　奏冊開載各前數因乾
隆四十一年尚有白糧改漕之案已將原
編白糧正耗併隨徵加三舂耗一併改爲
漕糧凡係乾隆四十一年以前編纂全書
志乘所載改漕白糧各數均與現在額數
不符應以現在　奏冊載數爲準

行糧本色米九百五十一石

月糧本色米一百九十一石七斗三升一合一勺

經費本色米四百四十一石

共漕白改漕行月食米五萬四千九百四十五石二
斗六升六合四勺

有閏之年

原應共徵本折米五萬八千六十一石七斗三升四合四勺内

除

正兌折徵厎石米一千六十三石四斗六升二合四勺

按漕厎米石常年徵米一千四十三石一斗四升

遇閏加徵米二十石三斗二升二合四勺

共米前數

行糧減存米六百五十九石二斗三升四合

按行糧減存米石例不計閏數與常年相同

月糧折徵米四石三斗五升四合五勺

按月糧折徵米石常年徵米四石三合一勺遇閏

加徵米三斗五升一合四勺共米前數

經費折徵米一百四十四石六升

孳積餘米七石七斗七升七合

孤貧口糧米一百三十三石二斗

按前三欵均不計閏數與常年相同

共米二千一十二石八升七合九勺均攺米徵銀外

實應徵漕南本色米五萬六千四十九石六斗四升六合五勺內

原白攺糙南米二百八十五石二斗二勺

原糙南米七百五十二石四斗四升七合八勺

原糙項下夫船耗米一十八石七升五合三勺

升科米五十三石一升九合三勺
按前四欵均不計閏數與常年相同
共南糧米一千一百八十石七斗四升二合六勺又
正兌正米三萬四千四百七十一石三斗八升四合
按正兌正米常年徵米三萬四千四百八十五石
九斗遇閏減徵米一十四石五斗一升六
合外尚應徵米前數
正兌耗米一萬三千七百八十八石五斗五升三合六勺
按正兌耗米常年徵米一萬三千七百九十四石
三斗六升遇閏續減灰石米五石八斗六
合四勺外尚應徵米前數

攺漕正米一千九百六十六石七斗四升七合四勺

耗米七百八十六石六斗九升九合

白糧正米一千六百五石三斗九升九合二勺

耗米七百二十二石四斗二升九合七勺

行糧本色米九百五十一石

按前五欵均不計閏數與常年相同

月糧本色米二百七石六斗九升一合

按月糧本色常年徵米一百九十一石七斗三升

一合一勺遇閏加徵米一十五石九斗五

升九合九勺共米前數

經費本色米四百四十一石

按前欵例不計閏數與常年相同

共漕白改漕行月食米五萬四千九百四十石九斗三合九勺

德清縣

全書開載實該圩田三千九百五十九頃七十三畝五分五釐

按清賦案內與清出田合爲一則開報今照全書

仍分兩則開列

察全書科則每畝原徵米一斗五升三合五勺六抄六撮七圭

五粟五粒六黍八稰二糠一粃共徵米六

萬八百八石三斗七升三合四勺九撮四

圭四粒二黍二稰九糠七粃

按該縣圩田稅地額蕩三則今就全書所載頃畝

並照全書科則合計共徵米數抄撮以下

零尾數稍未符因係全書原載如此數又

僅止零尾是以卽照全書載數開列理合

登明

全書開載實該淸出圩田一十三畝四分四釐五毫

察全書科則每畝原徵米一斗五升五合一勺一抄一撮二圭

五粟共徵米二石八升五合四勺七抄七

圭五粟六粒二黍五稷

全書開載實該地成田八十八頃五十九畝四分一釐三毫

按前則頭畝核與淸賦冊報相符

察全書科則每畝原徵米七升五合四勺八抄二圭共徵米六

百六十八石七斗一升二勺六抄五撮一

圭二粟二粒六黍

全書開載實該蕩成田二頃八十九畝二分六釐
按前則頃畝核與清賦冊報相符
察全書科則每畝原徵米七升五合四勺八抄八圭九粟共徵
米二十一石八斗三升三合六勺二撮二
圭四粟一粒四黍
全書開載實該山改田五頃三畝三分七釐四毫
按前則頃畝核與清賦冊報相符
察全書科則每畝原徵米五升八勺一抄八撮三圭共徵米二
十五石五斗八升六勺一抄九圭四粟四
粒二黍
全書開載實該稅地七百八十七頃九十畝一分四釐七毫

按清賦案內與清出稅地合爲一則開報今照全

書仍分兩則開列

察全書科則每畆原徵米七合四勺一抄七撮二圭一粟八粒

七黍八糝二粃共徵米五百八十四石四

斗三合七勺五抄八撮二粟二粒五黍三

糠三粃

全書開載實該清出稅地二十畆一釐四毫四絲

察全書科則每畆原徵米七合四勺九抄二撮三圭共徵米一

斗四升九合九勺五抄三撮八圭八粟九

粒一黍二糝

全書開載實該山改地一十一頃三十一畆六分五釐

按湒賦案內與湒出山改地合爲一則開報今照
全書仍分兩則開列
察全書科則每畝原徵米四合二勺一抄六圭共徵米四石七
斗六升四合九勺二抄五撮四圭九粟
全書開載實該湒出山改地一畝二分二釐九毫
察全書科則每畝原徵米四合二勺五抄二撮四圭共徵米五
合二勺二抄六撮一圭九粟九粒六黍
仝書開載實該山三百四十頃六十六畝三分四釐四毫
按湒賦案內與湒出山合爲一則開報今照全書
仍分兩則開列
察全書科則每畝原徵米五合二勺一抄二撮六圭共徵米一

百七十七石五斗七升四合三勺二抄四
撮七圭三粟四粒四黍
全書開載實該清出山一十五畝二分八釐六毫
察全書科則每畝原徵米五合二勺六抄五撮共徵米八升四
勺八抄七圭九粟
全書開載實該蕩五百五十六頃八十九畝一分
按清賦案內與清出蕩合爲一則開報今照全書
仍分兩則開列
察全書科則每畝原徵米四合五勺一抄八圭三粒七黍六糠
七粃共徵米二百五十一石二斗二合五
勺九抄八撮六圭九粟九粒九黍六糲七

糠

全書開載實該清出蕩九畝五分七釐三毫

察全書科則每畝原徵米四合五勺五抄六撮一圭八粟四黍

八粞一糠四粃共徵米四升三合六勺一

抄六撮三圭一粟五粒七黍四粞八糠四

粃

全書內該縣人丁人口均不徵米

以上田地山蕩十三則共應徵原科米六萬二千五百四十

四石八斗八合一勺四抄二撮六圭一粟

一粞八糠四粃

又加乾隆四十一年奉文白糧改漕項下加三舂耗米一十

五石三斗八升八合一勺

按湖州府志內載初次改漕以後額徵白糧正耗米二千七百三十八石二升二合六勺參核現在奏冊額徵米二千六百八十六石七斗二升八合九勺二次白糧改漕計米五十一石二斗九升三合七勺核該加三舂耗前數參核全書數亦相符

兩共米六萬二千五百六十石一斗九升六合二勺四抄二撮六圭一粟一粞八糠四粃

按各則徵數係照科則核算必至糠粃而止而各欵解額因各屬全書未能一律檢齊皆照

奏冊編列無　奏冊者參攷全書志乘
登載但　奏冊以勺爲斷不列零尾故凡
照全書之有零額數亦皆包尾截尾開列
以歸劃一今因解額既不掛零故徵數抄
撮以下亦復不計註明備攷

遇閏應加徵米一石七升八合四勺
按全書內載原編月糧加閏米一石七升八合四
勺三抄七撮五圭截尾前數參核　奏冊
內
徵本色米一石五升五合二勺折徵米
二升三合二勺惟全書內劃分本折尾數
稍有未符今照　奏冊編徵

無閏之年

原應共徵本折米六萬二千五百六十石一斗九升六合三勺

內除

兌改折徵灰石米一千五十四石五斗六升四合

按　奏冊內載原編米前數並無升豁

行糧減存米五百七石九斗二升八合

按　奏冊內載原編行糧本折米一千四百七十三石九斗二升八合並無升豁內徵本色米九百六十六石外該徵折色前數

月糧折徵米二斗六升四合七勺

按　奏冊內載原編月糧本折米一十二石九斗

四升一合三勺並無升豁內徵本色米一
十二石六斗七升六合六勺外該徵折色
前數

經費折徵米一百六十四石六斗四升
按　奏册內載原編白糧經費食本折米六百六
十八石六斗四升並無升豁內徵本色米
五百四石外該徵折色前數

零積餘米四石九斗一升六勺
按全書內載原編米四石九斗一升五勺七抄四
撮二圭二粟三粒六黍六粞二糠包尾前
數

共米一千七百三十二石三斗七合三勺均改米徵銀

外

實應徵漕南本色米六萬八百二十七石八斗八升九合內

原白改糙南米三百五十一石七斗四升一合七勺

按全書內載原編白正米二百五十五石八斗一

升二合一勺每白正米一石准糙平米一

石三斗七升五合共該米三百五十一石

七斗四升一合六勺三抄七撮五圭包尾

前數

原糙南米四千二百三十八石六斗四合二勺

按全書內載原編糙正米三千三百九十一石四

斗九升四合一勺四抄七撮三圭一粟七
粒一黍每石加耗米二斗五升共該米四
千二百三十九石三斗六升七合六勺八
抄四撮一圭四粟六粒三黍七糲五糠內
除耤田壇基免徵米七斗六升三合五勺
三抄六撮五圭三粟六粒八黍外該徵米
四千二百三十八石六斗四合一勺四抄
七撮六圭九粒五黍七糲五糠包尾前數
原糙項下夫船耗米一百一石七斗四升四合八勺
按全書內載每正米一石加夫船耗米三升共該
徵米一百一石七斗四升四合八勺二抄

四撮四圭一粟九粒五黍一粞三糠截尾

前數

升科米三石三斗六合九勺

按全書內載康熙六年丈量升科米九斗四升二

合二勺四抄九撮六圭康熙十六年新升

米二石三斗六升四合七勺四抄七撮九

圭五粟七黍一粞八糠四粃其該米三石

三斗六合九勺九抄七撮五圭五粟七黍

一粞八糠四粃截尾前數

共南糧米四千六百九十五石三斗九升七合六勺又

正兌正米三萬三千二百六十一石四斗

按　奏冊內載原編米三萬三千九百八十石內
除灰石米七百一十八石六斗外該徵米
前數並無升豁
正兌耗米一萬三千三百四石五斗六升
按　奏冊內載原編米一萬三千五百九十二石
內除灰石米二百八十七石四斗四升外
該徵米前數並無升豁
改兌正米一千六百四石三斗四升
按　奏冊內載原編米一千六百三十九石內除
灰石米三十四石六斗六升外該徵米前
數並無升豁

改兌耗米六百四十一石七斗三升六合

按　奏冊內載原編米六百五十五石六斗內除

灰石米一十三石八斗六升四合外該徵

米前數並無升豁

改漕正米二千二百五十石七斗四升九合九勺

耗米九百石三斗

白糧正米一千八百五十二石九斗一升六合五勺

耗米八百三十三石八斗一升二合四勺

按改漕白糧正耗四欵　奏冊開載各前數因乾

隆四十一年尚有白糧改漕之案已將原

編白糧正耗并隨徵加三舂耗一併改爲

漕糧凡係乾隆四十一年以前編纂全書
志乘所載改漕白糧各數均與現在額數
不符應以現在　奏冊載數爲準
行糧本色米九百六十六石
月糧本色米一十二石六斗七升六合六勺
經費本色米五百四石
共漕白改漕行月食米五萬六千一百三十二石四斗
九升一合四勺
有閏之年
原應共徵本折米六萬二千五百六十一石二斗七升四合七
勺内除

兌改折徵灰石米一千七十五石一斗七升三合四勺

按漕灰米石常年徵米一千五十四石五斗六升

四合遇閏加徵米二十石六斗九合四勺

其米前數

行糧減存米五百七石九斗二升八合

按行糧例不計閏數與常年相同

月糧折徵米二斗八升七合九勺

按月糧折徵常年徵米二斗六升四合七勺遇閏

加徵米二升三合二勺其米前數

經費折徵米一百六十四石六斗四升

零積餘米四石九斗一升六勺

按前二欵均不計閏數與常年相同

共米一千七百五十二石九斗三升九合九勺均改

米徵銀外

實應徵漕南本色米六萬八百八石三斗三升四合八勺丙

原白改糙南米三百五十一石七斗四升一合七勺

原糙南米四千二百三十八石六斗四合二勺

原糙項下夫船耗米一百一石七斗四升四合八勺

升科米三石三斗六合九勺

按前四欵均不計閏數與常年相同

共南糧米四千六百九十五石三斗九升七合六勺又

正兌正米三萬三千二百四十七石三斗五升七合

按正兑正米常年徵米三萬三千二百六十一石四斗遇閏續減灰石米一十四石四升三合外尚該徵米前數

正兑耗米一萬三千二百九十八石九斗四升二合八勺

按正兑耗米常年徵米一萬三千三百四石五斗六升遇閏續減灰石米五石六斗一升七合二勺外尚該徵米前數

改兑正米一千六百三石六斗六升二合

按改兑正米常年徵米一千六百四石三斗四升遇閏續減灰石米六斗七升八合外尚該徵米前數

改兌耗米六百四十一石四斗六升四合八勺

按改兌耗米常年徵米六百四十一石七斗三升六合遇閏續減灰石米二斗七升一合二勺外尚該徵米前數

改漕正米二千二百五十石七斗四升九合九勺

耗米九百石三斗

白糧正米一千八百五十二石九斗一升六合五勺

耗米八百三十三石八斗一升二合四勺

行糧本色米九百六十六石

按前五欵均不計閏數與常年相同

月糧本色米一十三石七斗三升一合八勺

按月糧本色常年徵米一十二石六斗七升六合六勺遇閏加徵米一石五升五合二勺其米前數

經費本色米五百四石，

按前欵例不計閏數與常年相同

共漕白改漕行月食米五萬六千一百一十二石九斗三升七合二勺

武康縣

全書開載實該田一千三百八十七頃一十畝一分七釐

接該縣各則頃畝核與淸賦冊報均屬相符

察全書科則每畝原徵米六升六合八勺五抄六撮二圭二粟

共徵米九千二百七十三石六斗三升七

合六勺四抄一撮七圭五粟七粒四黍

全書開載實該地四百三十六頃一十六畝九分一釐六毫

察全書科則每畝原徵米三升三合三勺七抄八撮五圭五粟

共徵米一千四百五十五石八斗六升九

合四勺一抄一撮五圭五粟一粒八黍

全書開載實該山三千二百三頃五十五畝八分三釐四毫

察全書科則每畝原徵米五合六勺二抄九撮九圭一粟其徵
米一千八百三石五斗七升四合五勺一
抄三撮三圭九粟四粒九黍四糲

全書開載實該蕩二百零十八頃五十六畝一分八毫
察全書科則每畝原徵米一升六合五勺八抄八撮八粟四粒
三黍九糲二糠六粃其徵米四百一十二
石三斗一升五合二勺一抄七撮一圭七
粟五粒五黍八糲

全書內該縣人丁向不徵米
以上田地山蕩四則其應徵原科米一萬二千九百四十五
石三斗九升六合七勺八抄三撮八圭七

粟九粒七黍二穊

又加乾隆四十一年奉　文白糧改漕項下加三舂耗米四

石四斗五升二合六勺

按湖州府志内載初次改漕以後額徵白糧正耗

米五百一十七石六斗九升一合三勺參

核現在　奏册額徵米五百二石八斗四

升九合四勺二次白糧改漕計米一十四

石八斗四升一合九勺核該加三舂耗前

數參核全書數亦相符

又加徵不敷解米二斗六升四合一勺

按　奏册内載應徵新升米前數而該縣清賦案

內未將續升田畝開報今已無田徵米致
有徵不敷解米前數今飭逐細擠查補報
先暫由縣籌解足數以符　奏額
三共米一萬二千九百五十石一斗一升三合四勺八抄
三撮八圭七粟九粒七黍二穄
按各則徵數係照科則核算必至糠粃而止而各
款解額因各屬全書未能一律檢齊皆照
奏冊編列無　奏冊者參攷全書志乘
登載但　奏冊以勺爲斷不列零尾故凡
照全書之有零額數亦皆包尾截尾開列
以歸劃一今因解額既不掛零故徵數抄

撮以下亦復不計註明備攷

遇閏應加徵米八斗四升八合五勺

按全書內載原編月糧加閏米八斗四升八合五勺六抄二撮五圭截尾前數參核　奏册並無升谿內徵本色米八斗三升三勺折徵米一升八合二勺

無閏之年

原應共徵本折米一萬二千九百五十石一斗一升三合五勺

內除

兌改折徵灰石米二百三十四石六斗八升二合

按　奏册內載原編米前數並無升谿

行糧減存米一百一十四石七斗五升九合

按　奏冊內載原編行糧本折米三百二十四石七斗五升九合並無升豁內徵本色米二百一十石外該徵折色前數

月糧折徵米二斗八合三勺

按　奏冊內載原編月糧本折米一十石一斗八升二合八勺並無升豁內徵本色米九石九斗七升四合五勺外該徵折色前數

經費折徵米四十一石一斗六升

按　奏冊內載原編白糧經費食本折米一百六十七石一斗六升並無升豁內徵本色米

一百二十六石外該徵折色前數

零積餘米一十二石七斗六升八合六勺

按全書內載原編米一十二石七斗六升八合五勺九抄四撮三圭八粟二粒二黍九糲二糠包尾前數

共米四百三石五斗七升七合九勺均改米徵銀外

實應徵漕南本色米一萬二千五百四十六石五斗三升五合六勺內

原白改糙南米六十一石一斗二升九合五勺

按全書內載原編白正米四十四石四斗五升七合八勺每白正米一石准糙平米一石三

斗七升五合其該米六十一石一斗二升
九合四勺七抄五撮包尾前數

原糙南米一百六十八石八升六合三勺

按全書內載原編糙正米一百三十四石七斗九
升一合五抄一撮六圭五粟八粒六黍每
石加耗米二斗五升共該米一百六十八
石四斗八升八合八勺一抄四撮五圭七
粟三粒二黍五糲內除耤田壇基免徵米
四斗二合五勺二抄三撮五圭五粟外該
徵米一百六十八石八升六合二勺九抄
一撮二粟三粒二黍五糲包尾前數

原糙項下夫船耗米四石四升三合七勺
按全書內載每正米一石隨徵夫船耗米三升共該徵米四石四升三合七勺三抄一撮五圭四粟九粒七黍五糠八粞截尾前數
升科米二斗六升四合一勺
按全書內並無前欵參核　奏册內載道光二十五年升科米前數但該縣清賦案內册報各則頃畝均與全書相符所有應徵前米之新升田畝漏未開報而款入　奏册不能短絀今飭逐細擠查補報先暫由縣籌補足數以符解額

共南糧米二百三十三石五斗二升三合六勺叉

正兌正米七千三百二十八石六斗五升

按　奏冊內載原編米七千四百八十七石內除

灰石米一百五十八石三斗五升外該徵

米前數並無升豁

正兌耗米二千九百三十一石四斗六升

按　奏冊內載原編米二千九百九十四石八斗

內除灰石米六十三石三斗四升外該徵

米前數並無升豁

改兌正米四百二十九石七斗二升

按　奏冊內載原編米四百三十九石內除灰石

米九百二石一斗八升外該徵米前數並無升豁
改兌耗米一百七十一石八斗八升八合
按　奏冊內載原編米一百七十五石六斗除
灰石米三石七斗一升二合外該徵米前
數並無升豁
改漕正米四百三十石三斗三升五合八勺
耗米一百七十二石一斗三升四合三勺
白糧正米三百四十六石七斗九升二合七勺
耗米一百五十六石五升六合七勺
按改漕白糧正耗四款　奏冊開載各前數因乾
隆四十一年尚有白糧改漕之案已將原

編白糧正耗并隨徵加三舂耗一併改爲

漕糧凡係乾隆四十一年以前編纂全書

志乘所載改漕白糧各數均與現在額數

不符應以現在　奏冊載數爲準

行糧本色米二百一十石

月糧本色米九石九斗七升四合五勺

經費本色米一百二十六石

共漕白改漕行月食米一萬二千三百一十三石一升

二合

有閏之年

原應共徵本折米一萬二千九百五十石九斗六升二合內除

兌改折徵灰石米二百三十九石二斗四升八合八勺
按漕灰米石常年徵米二百三十四石六斗八升
二合遇閏加徵米四石五斗六升六合八
勺共米前數
行糧減存米一百一十四石七斗五升九合
按行糧例不計閏數與常年相同
月糧折徵米二斗二升六合五勺
按月糧折徵米石常年徵米二斗八合三勺遇閏
加徵米一升八合二勺共米前數
經費折徵米四十一石一斗六升
零積餘米一十二石七斗六升八合六勺

按前二款均不計閏數與常年相同

共米四百八石一斗六升二合九勺均攺米徵銀外

實應徵漕南本色米一萬二千五百四十二石七斗九升九合一勺内

原白攺糙南米六十一石一斗三升九合五勺

原糙南米一百六十八石八升六合三勺

原糙項下夫船耗米四石四升三合七勺

升科米二斗六升四合一勺

按前四款均不計閏數與常年相同

共南糧米二百三十三石五斗二升三合六勺又

正兌正米七千三百二十五石五斗七升三合

按正兑正米常年徵米七千三百二十八石六斗
五升遇閏續減灰石米三石七升七合外
尚應徵米前數

正兑耗米二千九百三十石二斗二升九合二勺
按正兑耗米常年徵米二千九百三十一石四斗
六升遇閏續減灰石米一石二斗三升八
勺外尚該徵米前數
改兑正米四百二十九石五斗三升五合
按改兑正米常年徵米四百二十九石七斗一升
遇閏續減灰石米一斗八升五合外尚該
徵米前數

改兌耗米一百七十一石八斗一升四合

按改兌耗米常年徵米一百七十一石八斗八升八合遇閏續減灰石米七升四合外尚該徵米前數

改漕正米四百三十石三斗三升五合八勺

耗米一百七十二石一斗三升四合三勺

白糧正米三百四十六石七斗九升二合七勺

耗米一百五十六石五升六合七勺

行糧本色米二百一十石

按前五款均不計閏數與常年相同

月糧本色米一十石八斗四合八勺

按月糧本色常年徵米九石九斗七升四合五勺
遇閏加徵米八斗三升三勺共米前數
經費本色米一百二十六石
按前款例不計閏數與常年相同
共漕白改漕行月食米一萬二千三百九石二斗七升
五合五勺

浙江省減賦全案 卷七

杭屬除減實徵細册

03050
1722

上海市歷史文獻圖書館藏

謹將浙江省杭嘉湖三府屬原額應徵及除減實徵漕南本折各米數截至咸豐六年止分别有閏無閏開列省總府總數目於左

計　開

浙江省

截至咸豐六年止

杭嘉湖三府屬二十二州縣田地山蕩塘灘共一百四十八則原額應徵本折米一百一十六萬七千六百六十九石三斗六合七勺（各款解額遵照奏册以勺爲斷是以共徵總數抄撮以下槪不核計以符徵解）

徵不敷解由外籌補米七斗三升三合五勺

兩共米一百一十六萬七千六百七十石四升二勺

今共減徵本色米二十六萬六千七百六十五石六斗三升二合

除減實應共徵本折米九十萬九百四石四斗八合二勺

遇閏加徵月糧本折并海鹽縣墩夫口糧米一千九百五十二石一斗三合七勺

無閏之年

除減仍應共徵本折米九十萬九百四石四斗八合二勺內除

折徵灰石行月食米三萬一千一百四十五石三升一合九勺

折徵零積孤糧吹手等米八千二百八十七石八斗一

合三勺

富陽縣南因折徵米六百八十三石七斗八升四合二

勺

共米四萬一百一十六石六斗一升七合四勺均改

米徵銀外

實應徵漕南本色米八十六萬七百八十七石七斗九升八

勺內再除

南丈四祭等米一十二萬七千一百四十四石五斗九

升二合三勺均不議減外

除減實徵漕白改漕行月食米七十三萬三千六百四十

三石一斗九升八合五勺

有閏之年

除減仍應共徵本折米九十萬二千八百五十六石五斗一升一合九勺內除

折徵灰石行月食米三萬一千五百四十九石一斗三升二勺

折徵零積孤糧吹手等米八千二百八十七石八斗一合三勺

富陽縣南內折徵米六百八十三石七斗八升四合二勺

共米四萬五百二十石七斗一升五合七勺均改米

徵銀外

實應徵漕南本色米八十六萬二千三百三十五石七斗九
升六合二勺內再除
南丈四祭等米一十二萬七千一百七十五石七斗九
升二合三勺均不議減外
除減實徵漕白改漕行月食米七十三萬五千一百六十
石三合九勺

杭州府
截至咸豐六年止
仁和等九州縣田地山蕩塘共五十則原額應徵本折
米一十八萬五千六百五十九石
三斗九升二合

徵不敷解由外籌補米一斗九升一合一勺
兩其米一十八萬五千六百五十九石五斗八升三
合一勺
今共減徵本色米二萬五千七百三十五石四斗
八升八合
除減實應其徵本折米一十五萬九千九百二十四石九
升五合一勺
遇閏加徵月糧本折米一千六百一十四石二斗七升八
合三勺
無閏之年
除減仍應其徵本折米一十五萬九千九百二十四石九升

五合一勺內除

折徵灰石行月米五千九十七石九升五合六勺

折徵零積孤糧吹手米三千二十三石五斗二升九合七勺

富陽縣南囙折徵米六百八十三石七斗八升四合二勺

共米八千八百四石四斗九合五勺均改米徵銀外

實應徵漕南本色米一十五萬一千一百一十九石六斗八升五合六勺內再除

南丈囙祭等米一萬三千二百八十九石一斗八升

四合均不議減外

除減實徵漕糧行月米一十三萬七千八百三十石五

斗一合六勺

有閏之年

除減仍應共徵本折米一十六萬一千五百三十八石三斗

七升三合四勺內除

折徵灰石行月米五千一百九十一石五斗七升四

合八勺

折徵零積孤糧吹手米三千二十三石五斗二升九

合七勺

富陽縣南囚折徵米六百八十三石七斗八升四合

共米八千八百九十八石八斗八升八合七勺均
二勺
改米徵銀外
實應徵漕南本色米一十五萬二千六百三十九石四斗
八升四合七勺內再除
南丈四祭等米一萬三千二百八十九石一斗八升
四合均不議減外
除減實徵漕糧行月米一十三萬九千三百五十石三
斗七勺

嘉興府
截至咸豐六年止

嘉興等七縣田地山蕩塘灘共四十八則原額應徵本
折米五十九萬五千五百二十六
石八斗三升二勺
今共減徵本色米一十四萬五千四百一十六石
三斗一合
除減實應共徵本折米四十五萬一百一十石五斗二升
九合二勺
遇閏加徵月糧本折并海鹽縣墩夫口糧米二百八十六
石四斗
無閏之年
除減仍應共徵本折米四十五萬一百一十石五斗二升九

合二勺内除

折徵灰石行月食米一萬五千二百二十七石二斗

八升五合七勺

折徵零積孤糧米四千四百六十七石八斗八升九

合一勺

共米一萬九千六百九十五石一斗七升四合八

勺均改米徵銀外

實應徵漕南本色米四十三萬四百一十五石三斗五升

四合四勺内再除

南丈等米八萬三千五百五十五石五斗五升四合

四勺均不議減外

除減實徵漕白改漕行月食米三十四萬六千八百五
十九石八斗
有閏之年
除減仍應共徵本折米四十五萬三百九十六石九斗一升
九合二勺内除
折徵灰石行月食米一萬五千四百八石七斗六升
二合二勺
折徵零積孤糧米四千四百六十七石八斗八升九
合一勺
共米一萬九千八百七十六石六斗五升一合三
勺均改米徵銀外

實應徵漕南本色米四十三萬五百二十石二斗七升七
合九勺內再除
南丈等米八萬三千五百八十六石七斗五升四合
四勺均不議減外
除減實徵漕白改漕行月食米三十四萬六千九百三
十三石五斗三升三合五勺
湖州府 孝豐一縣向不徵漕
截至咸豐六年止
安吉等六縣田地山蕩共五十則原額應徵本折米三
十八萬六千四百八十三石八升
四合五勺

徵不敷解由外籌補米五斗四升二合四勺
兩共米三十八萬六千四百八十三石六斗二升六
合九勺
今共減徵本色米九萬五千六百一十三石八斗
四升三合
除減實應共徵本折米二十九萬八百六十九石七斗八
升三合九勺
遇閏加徵月糧本折米五十一石四斗三升五合四勺
無閏之年
除減仍應共徵本折米二十九萬八百六十九石七斗八升
三合九勺內除

折徵灰石行月食米一萬八百二十石六斗五升六
勺
折徵零積孤糧米七百九十六石三斗八升二合五
勺
共米一萬一千六百一十七石三升三合一勺均
改米徵銀外
實應徵漕南本色米二十七萬九千二百五十二石七斗
五升八勺內再除
南丈等米三萬二百九十九石八斗五升三合九勺
均不議減外
除減實徵漕白改漕行月食米二十四萬八千九百五

十二石八斗九升六合九勺

有閏之年

除減仍應共徵本折米二十九萬九百二十一石二斗九合三勺內除

折徵灰石行月食米一萬九百四十八石七斗九升三合二勺

折徵零積孤糧米七百九十六石三斗八升二合五勺

共米一萬一千七百四十五石一斗七升五合七勺均攺米徵銀外

實應徵漕南本色米二十七萬九千一百七十六石三升

三合六勺丙再除

南丈等米三萬二百九十九石八斗五升三合九勺

均不議減外

除減實徵漕白改漕行月食米二十四萬八千八百七

十六石一斗七升九合七勺

十六石十斗七升九合七勺

除荒缺豁免各項外實徵米二十四萬六千八百五

其米不減額

南米三萬二千九百七十八石八斗五升二合七勺

三合六勺四抄零

仁和縣

前册核定實該民田三千九百五十頃五十一畝九分九釐二毫六絲

每畝該徵原科米九升九合五勺其米三萬九千三百七石六斗七升三合二勺六抄三撮七圭

今每畝減徵米一升八合四抄二撮三圭八粟一粒三黍五粞四糠一粃共米七千一百二十七石六斗三升九合一勺九抄九撮九圭八粟七粒三粞一糠二粃

按清賦局原派減米係照實徵本色漕米

以整數分等核減不以原科米數
計算令一則共減米數悉照清賦
局原定間有必須更正之處均於
各則登註原委備攷

除減每畝實徵原科米八升一合四勺五抄七撮七圭一粟
八粒六黍四糲五糠九粃共米三
萬二千一百八十石三升四合六
抄三撮七圭一粟二粒九黍六糲
八糠八粃

前冊核定實該熟田三百八十六頃九十七畝九分七毫四絲
每畝該徵原科米九升九合五勺共米三千八百五十石四斗

四升一合七勺八抄六撮三圭

今每畝減徵米一升七合八勺七撮八圭四粟一粒四黍

六粞四糠八粃其米六百八十九

石一斗二升六合一勺九抄九撮

九圭九粟八粒七黍一粞八粃

除減每畝實徵原科米八升一合六勺九抄二撮一圭五粟

八粒五黍三粞五糠二粃其米三

千一百六十一石三斗一升五合

五勺八抄六撮三圭一粒二黍八

粞九糠二粃

前冊核定實該民地一千二十一頃五畝六分二釐三毫二絲二

忽一微

每畝該徵原科米六升八合其米六千九百四十三石一斗八

升二合三勺七抄九撮二粟八粒

今每畝減徵米九合二勺四抄七撮八圭二粒一黍三粞

九糠其米九百四十四石二斗五

升二合六勺三粞六糠三粃

除減每畝實徵原科米五升八合七勺五抄二撮一圭九粟

七粒八黍六粞九糠一粃其米五

千九百九十八石九斗二升九合

七勺七抄九撮二粟七粒九黍六

粞三糠七粃

前册核定實該患地八十三頃六十五畝四分七毫八絲
每畝該徵原科米六升八合其米五百六十八石八斗四升七
合七勺三抄四圭
今每畝減徵米九合一勺二抄八撮四圭一粟三粒三黍
二稇一糠三粃其米七十六石三
斗六升二合八勺九抄九撮九圭
九粟九粒六黍二稇六糠九粃
除減每畝實徵原科米五升八合八勺七抄一撮五圭八粟
六粒六黍七稇八糠七粃其米四
百九十二石四斗八升四合八勺
三抄四圭三黍七稇三糠一粃

前冊核定實該基地四十三頃四十六畝八釐五毫八忽

每畝該徵原科米一斗四勺共米四百三十六石三斗四升六

合九勺四抄二撮三粟二粒

今每畝減徵米一升八合二勺五撮四圭八粟八粒五糲

二穅七粃其米七十九石一斗二

升二合五勺九抄九撮九圭九粟

九粒九黍五糲七穅七粃

除減每畝實徵原科米八升二合一勺九抄四撮五圭一粟

一粒九黍四糲七穅三粃共米三

百五十七石二斗二升四合三勺

四抄二撮三粟二粒四糲二穅三

粃

前册核定實該民山六百五十九頃七十二畝六分七釐八毫五

絲五忽

每畝該徵原科米九合四勺共米六百二十石一斗四升三合

一勺七抄八撮三圭七粟

今每畝減徵米八勺五抄二撮二圭四粟八粒二黍五粞

二糠四粃共米五十六石二斗二

升五合一勺三黍八粞四糠五粃

除滅每畝實徵原科米八合五勺四抄七撮七圭五粟一粒

七黍四粞七糠六粃共米五百六

十三石九斗一升八合七抄八撮

三圭六粟九粒六黍一粞五糠五
粃
前冊核定實該患山四十頃七十畝八分七釐九毫二絲
每畝該徵原科米九合四勺共米三十八石二斗六升六合二
勺六抄四撮四圭八粟
今每畝減徵米八勺四抄一撮二圭四粟三粒三黍三粞
六糠三粃共米三石四斗二升四
合五勺九抄九撮九圭九粟九粒
八黍八粞二糠三粃
除減每畝實徵原科米八合五勺五抄八撮七圭五粟六粒
六黍六粞三糠七粃共米三十四

石八斗四升一合六勺六抄四撮
四圭八粟一黍一粞七糠七粃
前册核定實該民蕩五百六十五頃二十畝一分六釐七毫八絲
二忽二微二塵七渺七漠五埃九纖八
沙
每畝該徵原科米六升二合共米三千五百四石二斗五升四
勺三撮七圭四粟一粒二黍一粞
一糠一粃
今每畝減徵米八合三勺八抄一撮四粟七粒三黍四糠
三粃共米四百七十三石六斗九
升八合一勺九抄九撮九圭九粟

七粒八黍六粞二糠三粃

除減每畝實徵原科米五升三合六勺一抄八撮九圭五粟

二粒六黍九粞五糠七粃共米三

千三十石五斗五升二合二勺三

撮七圭四粟三粒三黍四粞八糠

八粃

前冊核定實該患蕩三十七頃八十四畝七分九釐

每畝該徵原科米六升二合共米二百三十四石六斗五升六

合九勺八抄

今每畝減徵米五合五勺四抄八撮六圭五粟六粒五黍

九粞六糠五粃共米二十一石四

勺九抄九撮九圭九粟九粒八黍
六穈七糠二粃
除減每畝實徵原科米五升六合四勺五抄一撮三圭四粟
三粒四黍三穈五粃共米二百一
十三石六斗五升六合四勺八抄
二黍三穈二糠八粃
前冊核定實該岳墳田五十八畝四分四釐六毫
每畝該徵原科米三合共米一斗七升五合三勺三抄八撮
今每畝減徵米二勺六抄五撮六粟一粒八黍四穈一糠
九粃共米一升九合四勺九抄一
撮八圭四粒四黍一穈一糠七粃

除減每畝實徵原科米二合七勺三抄四撮九圭三粟八粒
一黍五糯八糠一粃共米一斗五
升九合八勺四抄六撮一圭九粟
五粒五黍八糯八糠三粃

前冊核定實該于墳田八十四畝五分三釐九毫五絲
每畝該徵原科米三合共米二斗五升三合六勺一抄八撮五
圭

今每畝減徵米二勺六抄五撮六粟一粒八黍四糯一糠
九粃共米二升二合四勺八撮一
圭九粟五粒五黍八糯三糠三粃

除減每畝實徵原科米二合七勺三抄四撮九圭三粟八粒

一黍三五粞八糠一粃其米二斗三

升一合二勺一抄三圭四粒四黍

一粞六糠七粃

前冊核定實該高墳田八十畝

每畝該徵原科米九合共米七斗二升

今每畝減徵米七勺九抄五撮共米六升三合六勺

除減每畝實徵原科米八合二勺五撮共米六斗五升六合

四勺

前冊核定實該民人帶種杭州前衛屯田四十畝八分五釐二毫

每畝該徵原科米二斗四升共米九石八斗四合七勺二抄

按前項屯田清賦案內漏未開報致未

核減今減數早已定案自應仍照
原數科徵
以上田地山塘十三則其該徵原科米五萬五千五百
一十四石七斗六升二合六勺四
撮五圭五粟一粒二黍一糲一糠
一粃
今共減徵米九千四百七十石九斗五升三合
三勺九抄九撮九圭八粟三粒三
黍五糲四糠二粃（清賦案內包尾四勺 奏銷冊內亦以四勺造報）
以該縣實徵本色漕米五萬三千三十八

石七升四合七勺計算減去十分
中之一分七釐八毫五絲六忽零
除減仍應共徵原科米四萬六千四十三石八斗
九合二勺四撮五圭六粟七粒八
黍五糒六糠九粃
又該派加民患人丁米一千三百四石一斗六升
六合五勺四抄四撮三圭七粟七
粒七黍七糒七糠五粃
按該縣人丁全書開載按糧加派並據該
縣申送碑摹內稱患丁應就患里
各莊攤派應於纂造由單時分別

民里患區各則原科米數各自匀
派加徵至應減之米已於各則原
科米內統扣是以前項丁米仍照
原數編載
未減以前通共應徵原科併派加等米五萬六千八
百一十八石九斗二升九合一勺
四抄八撮九圭二粟八粒九黍八
粞八糠六粃除減徵外
今應其徵米四萬七千三百四十七石九斗七升
五合七勺四抄八撮九圭四粟五
粒六黍三粞四糠四粃

按前項米石截尾該米四萬七千三百
四十七石九斗七升五合七勺內
除折徵灰石等米三千一百三十
九石四升一合七勺外尚應徵漕
南本色米四萬四千二百八石九
斗三升四合
遇閏加徵月糧本折米四百一十石
按前項閏米除折徵米八石八斗七升
三合六勺外應徵本色米四百一
石一斗二升六合四勺連原徵共
該米四萬四千六百一十石六升

四勺内除續減灰石米一十九石
七斗三升五合八勺外實該徵連
閏漕南本色米四萬四千五百九
十石三斗二升四合六勺

無閏之年
除減仍應共徵本折米四萬七千三百四十七石九斗七升
五合七勺内除
兌改折徵灰石米一千一十二石七斗二升三合三勺
行糧減存米五百四十二石四斗五升八合三勺
月糧折徵米一百一十石九斗二升六合七勺
零積餘米二十五石七斗三升三合四勺

吹鼓手米四十三石二斗

孤貧口糧米一千二百九十六石

鋪戶口糧米一百八石

共米三千一百三十九石四升一合七勺均改米

徵銀外

實應徵漕南本色米四萬四千二百八石九斗三升四合

內再除

升科米九十七石四斗一升二合七勺

祭祀米六石

吹鼓手米二百一十六石

軍孤口糧米三十二石四斗

按察司重囚口糧米五十石

府縣重囚口糧米二百四十石

共米六百四十一石八斗一升二合七勺均不議

減外

除減實徵漕糧行月米四萬三千五百六十七石一斗

二升一合三勺內

正兌正米二萬五千七百八石六斗三合七勺

按前款原徵米三萬一千五百九十八石

五斗八升三合八勺今減米五千

八百八十九石九斗八升一勺外

尙應徵米前數

正兌耗米一萬二百八十三石四斗四升一合五勺

按前欵原徵米一萬二千六百三十九石

四斗三升三合五勺今減米二千

三百五十五石九斗九升二合外

尙應徵米前數

改兌正米一千八百八十石三斗七升

耗米七百五十二石一斗四升八合

按前項正耗米石照章不減仍照原數科

徵

行糧本色米六百九十七石九斗九升二合八勺

按前欵原徵米八百五十八石今減米一

百六十石七合三勺外尙應徵米
前數
月糧本色米四千二百四十四石五斗六升五合三勺
按前欵原徵米五千三百九石五斗三升
九合四勺今減米一千六十四石
九斗七升四合一勺外尙應徵米
前數
有閏之年
除減仍應其徵本折米四萬七千七百五十七石九斗七升
五合七勺丙除
兌改折徵灰石米一千三十二石四斗五升九合一勺

行糧減存米五百四十二石四斗五升八合三勺
月糧折徵米一百一十九石八斗三勺
零積餘米二十五石七斗三升三合四勺
吹鼓手米四十三石二斗
孤貧口糧米一千二百九十六石
鋪戶口糧米一百八石
其米三千一百六十七石六斗五升一合一勺均
改米徵銀外
實應徵漕南本色米四萬四千五百九十石三斗二升四
合六勺內再除
升科米九十七石四斗一升二合七勺

祭祀米六石
吹鼓手米二百一十六石
軍孤口糧米三十二石四斗
按察司重囚口糧米五十石
府縣重囚口糧米二百四十石
共米六百四十二石八斗一升二合七勺均不議
減外
除減實徵漕糧行月米四萬三千九百四十八石五斗一
升一合九勺內
正兌正米二萬五千六百九十五石二斗九升四合七
勺

按前欵原徵米三萬一千五百八十五石
二斗七升四合八勺今減米五千
八百八十九石九斗八升六勺外
尚應徵米前數
正兑耗米一萬二百七十八石一斗一升七合九勺
按前欵原徵米一萬二千六百三十四石
一斗九合九勺今減米二千三百
五十五石九斗九升二合外尚應
徵米前數
改兑正米一千八百七十九石五斗八升二合
耗米七百五十一石八斗三升二合八勺

按前項正耗米石照章不減仍照原數科
徵
行糧本色米六百九十七石九斗九升二合八勺
按前欵原徵米八百五十八石今減米一
百六十石七合二勺外尚應徵米
前數
月糧本色米四千六百四十五石六斗九升一合七勺
按前欵原徵米五千七百一十石六斗六
升五合八勺今減米一千六十四
石九斗七升四合一勺外尚應徵
米前數

錢塘縣

前冊核定實該徵田二千三百八十六頃二十四畝四分二釐二

毫七絲四忽一微七塵五渺九漠

七埃六纖二沙

每畝該徵原科米七升二合四勺其米一萬七千二百七十六

石四斗八合二勺六撮五圭三粒

四黍六糠八粃

今每畝減徵米九合六勺二抄九撮三圭八粟六粒七粞

七糠其米二千二百九十七石八

斗六合六勺九抄三撮九圭八粟

一粒六黍六粞三糠六粃

按清賦局原派減米係照實徵本色漕米以整數分等核減不以原科米數計算今一則其減米數悉照清賦局原定間有必須更正之處均於各則登註原委備考並察前項徵田與基地同一科則減數未便參差今巳科減均勻該米前數核與清賦局原減米數稍有未符

除減每畝實徵原科米六升二合七勺七抄六圭一粟三粒九黍二稷三糠共米一萬四千九百七十八石六斗一合五勺一抄

二撮五圭二粟一粒七黍四糝三

糠二粃

前冊核定實該學田三頃九十五畝一分九釐三毫三絲二忽

每畝該徵原科米七升一合九勺共米二十八石四斗一升四

合三勺九抄九撮七圭八粒

今每畝減徵米九合五勺八抄三圭七粟四粒四黍八糝

五糠二粃共米三石七斗八升六

合九抄九撮九圭九粟九粒六黍

四糝九糠五粃

除減每畝實徵原科米六升三合三勺一抄九撮六圭二粟

五粒五黍一糝四糠八粃共米二

十四石六斗二升八合二勺九抄
九撮七圭八粒三黍五粞五粃
前冊核定實該竈田六十七頃三十畝三分七釐七毫五絲
每畝該徵原科米三升七合三勺共米二百五十一石四升三
合八抄七圭五粟
今每畝減徵米三合二勺九抄九撮一圭三粟一粒四黍
三粞八糠共米二十二石二斗四
合三勺九抄九撮九圭九粟九粒
八黍五粞七糠八粃
除減每畝實徵原科米三升四合八圭六粟八粒五黍六粞
二糠共米二百二十八石八斗三

升八合六勺八抄七圭五粟一黍
四糲二糠二粃
前冊核定實該徵地一千二十六頃六十七畝三分七絲
每畝該徵原科米四升三勺其米四千一百三十七石四斗九
升二合二勺一抄八撮二圭一粟
今每畝減徵米三合五勺六抄五撮六圭二粟七粒五糠
九粃其米三百六十六石七升三
合二勺九抄九撮九圭九粟八粒
七黍七糲六糠
除減每畝實徵原科米三升六合七勺三抄四撮三圭七粟
二粒九黍九糲四糠一粃其米三

千七百七十一石四斗一升八合
九勺一抄八撮二圭一粟一粒二
黍二糲四糠
前冊核定實該基地三十二頃一畝四分四釐四絲三忽一微三
塵
每畝該徵原科米七升二合四勺共米二百三十一石七斗八
升四合二勺八抄七撮二圭二粟
六粒一黍二糲
今每畝減徵米九合六勺二抄九撮三圭八粟六粒七糲
七糠共米三十石八斗二升七合
九勺五撮九圭一粟五粒五黍五

糠一粃

除減每畝實徵原科米六升二合七勺七抄六圭一粟三粒
九黍二粞三糠共米二百石九斗
五升六合三勺八抄一撮三圭一
粟六黍一粞四糠九粃

前冊核定實該土山一千一百八十三頃四十五畝二分二釐六
毫六絲四忽

每畝該徵原科米四合八勺共米五百六十八石五升七合八
抄七撮八圭七粟二粒

今每畝減徵米四勺二抄六撮三粟九粒二粞五糠五粃
共米五十石四斗一升九合六勺

八抄五撮三粟二黍八粞二糠二
粃
按該縣土山與石山同一科則減數未便
參差今已科減均勻該米前數核
與清賦案內原減米數稍有未符

除減每畝實徵原科米四合三勺七抄三撮九圭六粟九
黍七粞四糠五粃共米五百一十
七石六斗三升七合四勺二撮八
圭四粟一粒七黍一粞七糠八粃

前冊核定實該石山六百九十八頃二十三畝九分二釐三絲
每畝該徵原科米四合八勺共米三百三十五石一斗五升四

合八勺一抄七撮四圭四粟

今每畝減徵米四勺二抄六撮三粟九粒二粞五糠五粃

其米二十九石七斗四升七合七

勺一抄四撮九圭六粟一粒二黍

一糠七粃

除減每畝實徵原科米四合三勺七抄三撮九圭六粟九黍

七粞四糠五粃其米三百五石四

斗七合一勺二撮四圭七粟八粒

七黍九粞八糠三粃

前册核定實該徵蕩三百一十七頃四十七畝八分六釐五毫

每畝該徵原科米三升三合三勺其米一千五十七石二斗三

合九勺四撮五圭

今每畝減徵米二合九勺四抄九撮九圭一粟一粒七黍四粞九糠九粃共米九十三石六斗五升三合三勺九抄九撮九圭

除減每畝實徵原科米三升三勺五抄八粟八粒二黍五粞九粟七粒七黍三粞九糠

一粃共米九百六十三石五斗五升五勺四撮五圭二粒二黍六粞一糠

以上田地山蕩八則共該徵原科米二萬三千八百八十五石五斗五升八合二撮二圭

九粒五黍二粞六糠八粃

今共減徵米二千八百九十四石五斗一升九合一勺九抄九撮八圭八粟四粒六黍七粞四糠九粃淸賦案內包奏銷册內亦以二勺造報尾爲二勺

以該縣實徵本色漕米二萬二千四百石二斗五升三合一勺計算減去十分中之一分二釐九毫二絲一忽零

除減仍應共徵原科米二萬九百九十一石三升八合八勺二撮三圭二粟四粒八

黍五粞一糠九粃

又該派加人丁米六百七十六石一斗三升四合九勺四抄七粟七粒八黍三粞三糠二粃

按該縣人丁省志開載按糧加派應於纂造由單時按各則原科米數勻派加徵至應減之米已於原科米內統扣是以前項丁米仍照原數編載

未減以前通共應徵原科并派加等米二萬四千五百六十一石六斗九升二合九勺

四抄二撮二圭八粟七粒三黍六
粞除減徵外
今應共徵米二萬一千六百六十七石一斗七
升三合七勺四抄二撮四圭二粒
六黍八粞五糠一粃
按前項米石包尾該米二萬一千六百六
十七石一斗七升三合八勺內除
折徵灰石等米一千六百二十六
石三斗八升九合四勺外尙應徵
漕南本色米二萬四十石七斗八
升四合四勺

遇閏加徵月糧本折米二百九十七石一斗七
升一合二勺
按前項閏米除折徵米六石三斗五升四
勺外應徵本色米二百九十石八
斗二升八勺連原徵共該米二萬
三百三十一石六斗五合二勺內
除續減灰石米八石六斗一升外
實該徵連閏漕南本色米二萬三
百二十二石九斗九升五合二勺

無閏之年

除減仍應共徵本折米二萬一千六百六十七石一斗七升

三合八勺內除

兑改折徵灰石米四百二十九石一斗五升三合九勺

行糧減存米二百一十五石五斗六升三合二勺

月糧折徵米四十六石一斗七升五合一勺

零積餘米三石九升七合二勺

吹鼓手米二十八石八斗

孤貧口糧米七百七十四石

鋪戶口糧米一百二十九石六斗

其米一千六百二十六石三斗八升九合四勺均

改米徵銀外

實應徵漕南本色米二萬四十石七斗八升四合四勺內

再除

升科米八十四石六斗五升五勺

祭祀米二石

吹鼓手米一百四十四石

軍孤口糧米一十四石四斗

按察司重囚口糧米五十石

府縣重囚口糧米二百四十石

共米五百三十五石五升五勺均不議減外

除減實徵漕糧行月米一萬九千五百五石七斗三升三

合九勺內

正兌正米一萬一千五百八十二石六斗二升七合二

勺
按前欵原徵米一萬三千三百七十八石九斗八合五勺今減米一千七百九十六石二斗八升一合三勺外
尚應徵米前數
正兌耗米四千六百三十三石五升九勺
按前欵原徵米五千三百五十一石五斗六升三合四勺今減米七百一十八石五斗一升二合五勺外尚應
徵米前數
改兌正米八百九石五斗一升

耗米三百二十三石八斗四合
核前項正耗米石照章不減仍照原數科
徵
行糧本色米三百二十七石二斗二升六合九勺
核前欵原徵米三百七十八石今減米五
十石七斗七升三合一勺外尚應
徵米前數
月糧本色米一千八百二十九石五斗一升四合九勺
核前欵原徵米二千一百五十八石四斗
六升七合二勺今減米三百二十
八石九斗五升二合三勺外尚應

徵米前數

有閏之年

除減仍應其徵本折米二萬一千九百六十四石三斗四升五合內除

兑改折徵灰石米四百三十七石七斗六升三合九勺

行糧減存米二百一十五石五斗六升三合二勺

月糧折徵米五十三石五斗二升五合五勺

零積餘米三石九升七合二勺

吹鼓手米二十八石八斗

孤貧口糧米七百七十四石

鋪戶口糧米一百二十九石六斗

共米一千六百四十一石三斗四升九合八勺均
改米徵銀外
實應徵漕南本色米二萬三百二十二石九斗九升五合
二勺內再除
升科米八十四石六斗五升五勺
祭祀米二石
吹鼓手米一百四十四石
軍孤口糧米一十四石四斗
按察司重囚口糧米五十石
府縣重囚口糧米二百四十石
共米五百三十五石五升五勺均不議減外

除減實徵漕糧行月米一萬九千七百八十七石九斗四
升四合七勺丙
正兌正米一萬一千五百七十六石八斗一升七合二
勺
按前欵原徵米一萬三千三百七十三石
九升八合五勺今減米一千七百
九十六石二斗八升一合三勺外
尚應徵米前數
正兌耗米四千六百三十石七斗二升六合九勺
按前欵原徵米五千三百四十九石二斗
三升九合四勺今減米七百一十

八石五斗一升二合五勺外尚應
徵米前數
改兌正米八百九石一斗七升
耗米三百二十三石六斗六升八合
按前項正耗米石照章不減仍照原數科
徵
行糧本色米三百二十七石二斗二升六合九勺
按前欵原徵米三百七十八石今減米五
十石七斗七升三合一勺外尚應
徵米前數
月糧本色米二千一百二十石三斗三升五合七勺

共前欵原徵米二千四百四十九石二斗八升八合今減米三百二十八石九斗五升二合三勺外尚應徵米前數

海甯州

前冊核定實該深村田六千七百八十二頃一十八畝三分一釐

四毫四絲一忽

每畝該徵原科米七升一合共米四萬八千一百五十三石五

斗三勺二抄三撮一圭一粟

今每畝減徵米一升三勺一抄一圭六粟二粒七黍四粞

七糠六粃共米六千九百九十二石五斗四升一合一勺九抄九撮

九圭七粟四粞六糠三粃

按清賦局原派減米係照實徵本色漕米以整數分等核減不以原科米數

計算令一則其減米數悉照清賦
局原定間有必須更正之處均於
各則登註原委備攷
除減每畝實徵原科米六升六勺八抄九撮八圭三粟七粒
二黍五糯二糠四粃共米四萬一
千一百六十石九斗五升九合一
勺二抄三撮一圭三粟九粒九黍
五糯三糠七粃
前冊核定實該深村地一千八百五十四頃五十七畝二釐二毫
二絲一忽
每畝該徵原科米七升九勺共米一萬三千一百四十八石九

斗二合八勺七抄四撮六圭八粟
九粒
今每畝減徵米一升一合二勺二抄五撮五圭三粒二黍
二粞共米二千八十一石八斗四
升八合三勺九抄九撮九圭八粟
九粒九黍六粞六糠五粃
除減每畝實徵原科米五升九合六勺七抄四撮四圭九粟
六粒七黍八粞共米一萬一千六
十七石五升四合四勺七抄四撮
六圭九粟九粒三粞三糠五粃
前冊核定實該南塘地一百二十七頃一十四畝七分八釐六毫

四絲五忽

每畝該徵原科米四升八合九勺共米六百二十一石七斗五升三合五抄七撮四圭五粒

今每畝減徵米四合三勺三抄三撮四圭七粟四粒二黍七糯五糠五粃共米五十五石九升九合一勺九抄九撮九圭九粟九粒五黍五糯一糠

除減每畝實徵原科米四升四合五勺六抄六撮五圭二粟五粒七黍二糯四糠五粃共米五百六十六石六斗五升三合八勺五抄七撮四圭五粒四黍四糯九

糠

前冊核定實該張顔祠堂地二十三畝七釐八毫

每畝該徵原科米四合一勺其米九升四合六勺一抄九撮八

圭

今每畝減徵米四勺一抄一撮六圭四粟七粒四黍五粞

六糠五粃其米九合五勺一糠一

粃

除減每畝實徵原科米三合六勺八抄八撮三圭五粟二粒

五黍四粞三糠五粃其米八升五

合一勺一抄九撮七圭九粟九粒

九黍九粞八糠九粃

前冊核定實該深村魚蕩一百一十頃九畝三分八釐九毫六絲
每畝該徵原科米七升四勺其米七百七十五石六升一合二
抄七撮八圭四粟
今每畝減徵米八合九勺一抄一圭八粟五粒一黍七稇
五糠其米九十八石九升五合六
勺九抄九撮九圭九粟九粒七黍
一稇九糠二粃
除減每畝實徵原科米六升一合四勺八抄九撮八圭一粟
四粒八黍二稇五糠其米六百七
十六石九斗六升五合三勺二抄
七撮八圭四粟二黍八稇八粃

前冊核定實該草蕩一百三頃七十一畝四分二釐三毫一絲三
忽
每畝該徵原科米二升八勺其米二百一十三石六斗四升五
合六勺一撮一圭四粒
今每畝減徵米一合九勺三抄七撮七圭八粟四粒五粞
八糠五粃其米一十九石九斗三
合七勺九抄九撮九圭九粟九粒
四黍二粞二糠二粃
除減每畝實徵原科米一升八合八勺六抄二撮二圭一粟
五粒九黍四粞一糠五粃其米一
百九十三石七斗四升一合八勺

一撮一圭四粒五黍七稷七糠八

粃

二石九斗五升七合五勺三撮九

以上田地蕩六則共該徵原科米六萬二千九百一十

圭四粟八粒

今共減徵米九千二百四十七石四斗九升七

合七勺九抄九撮九圭五粟八粒

七黍六糠三粃八勺清賦案內包尾爲奏銷冊內

亦以八勺造報

以該州實徵本色漕米五萬三千三百八

十七石四斗二升七合三勺計算

減去十分中之一分七釐三毫二

絲一忽零

除減仍應共徵原科米五萬三千六百六十五石

四斗五升九合七勺三撮九圭八

粟九粒二黍九糠三糠七粃

又該派加人丁米二千九百一十六石三斗八升

九合二抄一撮七圭

按該州人丁全書開載按糧加派應於纂

造由單時按各則原科米數勻派

加徵全應減之米已於原科米內

統扣是以前項丁米仍照原數編

載

未減以前通共應徵原科併派加等米六萬五千八百二十九石三斗四升六合五勺二抄五撮六圭四粟八粒除減徵

外

今應共徵米五萬六千五百八十一石八斗四升八合七勺二抄五撮六圭八粟九粒二黍九稷三穅七粃

按前項米石截尾該米五萬六千五百八十一石八斗四升八合七勺內除

折徵灰石等米一千九百三十二

石三升四合八勺外尙應徵漕南
本色米五萬四千六百四十九石
八斗一升三合九勺
遇閏加徵月糧本折米一百九十三石五合三
勺
挨前項閏米除折徵米四石二斗三升九
合六勺外應徵本色米一百八十
八石七斗六升五合七勺連原徵
共該米五萬四千八百三十八石
五斗七升九合六勺內除續減厫
石米二十石八斗八升五合二勺

外實該徵連閏漕南本色米五萬
四千八百一十七石六斗九升四
合四勺

無閏之年

除減仍應共徵本折米五萬六千五百八十一石八斗四升
八合七勺內除

兌改折徵灰石米一千六十六石一斗六升五合四勺
行糧減存米五百一十七石一斗四升三合七勺
月糧折徵米六十四石四斗二升四合四勺
零積餘米二十五石一斗一合三勺
孤貧口糧米二百五十九石二斗

其米一千九百三十二石三升四合八勺均改米
徵銀外
實應徵漕南本色米五萬四千六百四十九石八斗一升
三合九勺內再除
南糙米九千八百七十九石五斗一升九合一勺
南糙項下夫船耗米五百九十二石三斗二升二合
墩夫口糧米三十四石八斗九升三合二勺
升科米一斗五升一勺
祭祀米三石
其米一萬五百九石八斗八升四合四勺均不議
減外

除減實徵漕糧行月米四萬四千一百三十九石九斗二升九合五勺內

正兌正米二萬七千三百三十八石五斗一升一合二勺

按前欵原徵米三萬三千三百九十五石八斗九升一合九勺今減米六千五十七石三斗八升七勺外尚應徵米前數

正兌耗米一萬九百三十五石四斗四合五勺

按前欵原徵米一萬三千三百五十八石三斗五升六合八勺今減米二千

四百二十二石九斗五升二合三
勺外尚應徵米前數

改兌正米一千八百五十二石九斗七升
耗米七百四十一石一斗八升八合
按前項正耗米石照章不減仍照原數科
徵

行糧本色米七百八十八石二斗五升六合一勺
按前款原徵米九百六十三石今減米一
百七十四石七斗四升三合九勺
外尚應徵米前數

月糧本色米二千四百八十三石五斗九升九合七勺

按前欵原徵米三千七十六石二升六勺

今減米五百九十二石四斗二升

九勺外尙應徵米前數

有閏之年

除減仍應共徵本折米五萬六千七百七十四石八斗五升

四合內除

兌改折徵灰石米一千八十七石五升六勺

行糧減存米五百一十七石一斗四升三合七勺

月糧折徵米六十八石六斗六升四合

零積餘米二十五石一斗一合三勺

孤貧口糧米二百五十九石二斗

其米一千九百五十七石一斗五升九合六勺均
改米徵銀外
實應徵漕南本色米五萬四千八百一十七石六斗九升
四合四勺内再除
南糙米九千八百七十九石五斗一升九合一勺
南糙項下夫船耗米五百九十二石三斗二升二合
墩夫口糧米三十四石八斗九升三合二勺
升科米一斗五升一勺
祭祀米三石
其米一萬五百九石八斗八升四合四勺均不議
減外

除減實徵漕糧行月米四萬四千三百七石八斗一升内
正兌正米二萬七千三百二十四石三斗七升八合二
勺
按前欵原徵米三萬三千三百八十一石
七斗五升八合九勺今減米六千
五十七石三斗八升七勺外尚應
徵米前數
正兌耗米一萬九百二十九石七斗五升一合三勺
按前欵原徵米一萬三千三百五十二石
七斗三合六勺今減米二千四百
二十二石九斗五升二合三勺外

尚應徵米前數

改兌正米一千八百五十二石一斗八升五合

耗米七百四十石八斗七升四合

按前項正耗米石照章不減仍照原數科

徵

行糧本色米七百八十八石二斗五升六合一勺

按前欵原徵米九百六十三石今減米一

百七十四石七斗四升三合九勺

外尚應徵米前數

月糧本色米二千六百七十二石三斗六升五合四勺

按前欵原徵米三千二百六十四石七斗

八升六合三勺今減米五百九十
二石四斗二升九勺外尚應徵米
前數

富陽縣

前冊核定實該徵田一千八百三十一頃五十一畝五分一釐一
毫三絲九忽
每畝該徵原科米三升三合其米六千四十三石九斗九升九
合八勺七抄五撮八圭七粟
今每畝減徵米一合八勺九抄七撮九圭五粟五粒八黍
八粞三糠五粃其米五百三十石
七斗六升五合四粒五黍六粞七
糠八粃
按清賦局原詳減米係照實徵本色漕米
以整數分等核減不以原科米數

計算今一則其減米數悉照清賦
局原定間有必須更正之處均於
各則登註原委備攷
除減每畝實徵原科米三升一勺二撮四粟四粒一黍一粞
六糠五粃其米五千五百一十三
石二斗三升四合八勺七抄五撮
八圭六粟五粒四黍三粞二糠二
粃
前冊核定實該徵地一千六十九頃四十二畝八釐七毫二絲四
忽
每畝該徵原科米一升三合四勺其米一千四百三十三石二

升三合九勺六抄九撮一粟六粒

今每畝減徵米一合九抄九撮二圭二粟四粒八黍五粞

一糠八粃共米一百一十七石五

斗五升三合三勺九抄九撮九圭

九粟七粒五黍七粞一糠七粃

除減每畝實徵原科米一升二合三勺七圭七粟五粒一黍

四粞八糠二粃共米一千三百一

十五石四斗七升五勺六抄九撮

一粟八粒四黍二粞八糠三粃

前冊核定實該柴山二千七百二十二頃七畝四分一釐九毫二

絲八忽

每畝該徵原科米八勺共米二百一十七石七斗六升五合九勺三抄五撮四圭二粟四粒

今每畝減徵米七抄一撮一圭五粞二糠二粃其米一十九石三斗五升三合九勺六抄一撮七圭二粟三粞五糠三粃

除減每畝實徵原科米七勺二抄八撮八圭九粟九粒九黍四粞七糠八粃其米一百九十八石四斗一升一合九勺七抄三撮七圭三粒九黍六粞四糠七粃

前冊核定實該茅山六百七十三頃二十五畝一分四釐三毫

每畝該徵原科米八勺共米五十三石八斗六升一勺一抄四

撮四圭

今每畝減徵米七抄一撮一圭五粞二糠二粃其米四石七斗八升六合八勺二抄一撮一圭八粟一粒六黍七粞二糠五粃

除減每畝實徵原科米七勺二抄八撮八圭九粟九粒九黍四粞七糠八粃其米四十九石七升三合二勺九抄三撮二圭一粟八粒三黍二粞七糐五粃

前冊核定實該光山三十二頃六畝九分八釐九毫

每畝該徵原科米八勺其米二石五斗六升五合五勺九抄一撮二圭

今每畝減徵米七抄一撮一圭五粞二糠二粃其米二斗
二升八合一抄七撮八粟五粒三
黍四糠八粃
除減每畝實徵原科米七勺二抄八撮八圭九粟九粒九黍
四粞七糠八粃其米二石三斗三
升七合五勺七抄四撮一圭一粟
四粒六黍九粞五糠二粃
前冊核定實該塘五十七頃九十三畝八釐九毫九絲三忽
每畝該徵原科米一升三勺其米五十九石六斗六升八合八
勺二抄六撮二圭七粟九粒
今每畝減徵米九勺一抄四撮八圭四粟八粒五黍六糲

三糠四粃其米五石二斗九升九
合八勺一黍七糠五粃
除減每畝實徵原科米九合三勺八抄五撮一圭五粟一粒
四黍三粞六糠六粃其米五十四
石三斗六升九合二抄六撮二圭
七粟八粒八黍九粞二糠五粃
以上田地山蕩六則共該徵原科米七千八百一十石
八斗八升四合三勺一抄二撮一
圭八粟九粒
今其減徵米六百七十七石九斗八升六合九
勺九抄九撮九圭八粟九粒二黍

五粞九糠六粃凊賦案內包尾爲七台　奏銷冊內
亦以七合造報

以該縣實徵本色漕米六千九百四十六
石七斗一升二合六勺計算減去
十分中之九釐七毫三絲一忽零
除減仍應共徵原科米七千一百三十二石八斗
九升七合三勺一抄二撮一圭九
粟九粒七黍四糯四粃
及該派加人丁米九十一石八斗三升二勺五抄
一撮七圭三粟九粒四黍六粞二
糠三粃

又該派加鈔口米九石九斗九升七合一勺六抄
六撮一圭一粟七粒六黍四稷三
穅三粃
按該縣人丁鈔口米石全書開載按糧加
派應於纂造由單時按各則原科
米數勻派加徵至應減之米已於
原科米內統扣是以前項丁鈔米
石仍各照原數編載

外加由縣籌補米一斗九升一合一勺
未減以前通其應徵原科派加併籌補等米七千九
百一十二石九斗二合八勺三抄

四粟六粒一黍五糠六粃除減徵

外

今應共徵并籌補米七千二百三十四石九斗

一升五合八勺三抄五粟六粒八

黍四粞六糠

按前項米石截尾該米七千二百三十四

石九斗一升五合八勺内除折徵

灰石并南四等米九百六十六石

一斗九升二勺外尚應徵漕糧本

色米六千二百六十八石七斗二

升五合六勺

遇閏加徵月糧本折米二百三十七石八斗二
升三合六勺
接前項閏米除折徵米五石七升六合八
勺外應徵本色米二百三十二石
七斗四升六合八勺連原徵共該
米六千五百一石四斗七升二合
四勺內除續減灰石米二石二斗
五合外實該徵連閏漕糧本色米
六千四百九十九石二斗六升七
合四勺
無閏之年

除減仍應其徵本折米七千二百三十四石九斗一升五合八勺內除

兌改折徵灰石米一百一十一石一斗一升一合二勺

行糧減存米五十七石四斗六升一合一勺

月糧折徵米三十六石三斗一升九勺

零積餘米二十三石五斗二升二合八勺

孤貧口糧米五十四石

原糙南米五百四十七石八斗九升八合一勺

原糙項下夫船耗米三十二石四斗五升四合八勺

升科米一十三石四斗八升二合三勺

升科米七十八石二升九合

縣重四门糧米一十一石九斗二

共米九百六十六石一斗九升二

外

除減實徵漕糧行月本色米六千二百六十八石七

升五合六勺內

正兌正米二千九百八十五石七斗五升九合四勺

按前欵原徵米三千三百二十二石五斗

六升一合五勺今減米三百三十

六石八斗二合一勺外尚應徵米

前數

正兌耗米一千一百九十四石三斗三合八勺

按前欵原徵米一千三百三十九石二升
四合六勺今減米一百三十四石
七斗二升八勺外尚應徵米前數
改兌正米三百五十一石四斗一升
耗米一百四十石五斗六升四合
按前項正耗米石照章不減仍照原數科
徵
行糧本色米八十石八斗七升二合九勺
按前欵原徵米九十石今減米九石一斗
二升七合一勺外尚應徵米前數
月糧本色米一千五百一十五石八斗一升五合五勺

按前欵原徵米一千七百一十三石一斗
五升二合五勺今減米一百九十
七石三斗三升七合外尚應徵米
前數

有閏之年
除減仍應其徵本折米七千四百七十二石七斗三升九合
四勺內除
兌改折徵灰石米一百一十三石三斗一升六合二勺
行糧減存米五十七石四斗六升一合一勺
月糧折徵米四十一石三斗八升七合七勺
零積餘米二十三石五斗二升二合八勺

孤貧口糧米五十四石

原糙南米五百四十七石八斗九升八合一勺

原糙項下夫船耗米三十二石四斗五升四合八勺

升科米一十三石四斗八升二合三勺

升科米七十八石二升九合

縣重囚口糧米一十一石九斗二升

共米九百七十三石四斗七升二合均攺米徵銀

外

除減實徵漕糧行月本色米六千四百九十九石二斗六升七合四勺內

正兌正米二千九百八十四石三斗三升四合四勺

按前欵原徵米三千三百二十一石一斗
三升六合五勺今減米二三百三十
六石八斗二合一勺外尚應徵米
前數
正兌耗米一千一百九十三石七斗三升三合八勺
按前欵原徵米一千三百二十八石四斗
五升四合六勺今減米一百三十
四石七斗二升八勺外尚應徵米
前數
改兌正米三百五十一石二斗六升
耗米一百四十石五斗四合

按前項正耗米石照章不減仍照原數科

徵

行糧本色米八十石八斗七升二合九勺

按前欵原徵米九十石今減米九石一斗

二升七合一勺外尚應徵米前數

月糧本色米一千七百四十八石五斗六升二合三勺

按前欵原徵米一千九百四十五石八斗

九升九合三勺今減米一百九十

七石三斗三升七合外尚應徵米

前數

餘杭縣

前冊核定實該七鄉田二千六十一頃二十三畝七釐七毫八絲二忽

每畝該徵原科米五升五合五勺其米一萬一千四百三十九石八斗三升八勺一抄九撮一粟

今每畝減徵米五合四勺五抄一撮七粟二粒七黍八糲五糠二粃其米一千一百二十三石五斗九升一合八勺九抄九撮九圭六粒二黍六糲三糠七粃

按清賦局原派減米係照實徵本色漕米以整數分等核減不以原科米數

計算今一則其減米數悉照清賦
局原定間有必須更正之處均於
各則登註原委備攷

除減每畝實徵原科米五升四抄八撮九圭二粟七粒四黍一
一粞四糠八粃其米一萬三百一
十六石二斗三升八合九勺一抄
九撮一圭三粒七黍三粞六糠三
粃

前冊核定實該止戈鄉田二百二十一頃四十三畝九分四釐三
毫二絲五忽

每畝該徵原科米四升一合一勺其米九百一十石一斗一升

六合六抄七撮五圭七粟五粒一

今每畝減徵米四合三抄六撮七圭四粟二粒六黍四粞

三糠其米八十九石三斗八升九

合四勺一粒四黍四粞七糠

除減每畝實徵原科米三升七合六抄三撮二圭五粟七粒

三黍五粞七糠其米八百二十石

七斗二升六合六勺六抄七撮五

圭七粟三粒五黍五粞三糠

前冊核定實該徵地六百七十頃三十四畝六分七釐四毫七絲

九忽

每畝該徵原科米五合八勺其米三百八十八石八斗一合一

勺一抄三撮七圭八粟二粒

今每畝減徵米五勺六抄九撮六圭六粟三粒三黍八粞

八糠六粃其米三十八石一斗八

升七合一勺九抄九撮九圭九粟

四粒五黍七粞四粃

按清賦案內前項徵地與升地分則核減

今照全書併則開列減數亦應併

計故與原減米數未符

除減每畝實徵原科米五合二勺三抄三圭三粟六粒六黍

一粞一糠四粃其米三百五十石

六斗一升三合九勺一抄三撮七

圭八粟七粒四黍二粞九糠六粃

前冊核定實該發祥祠地三分六釐六毫

每畝該徵原科米五合其米一合八勺三抄

今每畝減徵米五勺四抄六撮四圭四粟八粒八粞七糠

四粃其米二勺

除減每畝實徵原科米四合四勺五抄三撮五圭五粟一粒

九黍一粞二糠六粃其米一合六

勺三抄

前冊核定實該徵山三千四百一十頃五十四畝八分八釐三毫

七絲九忽

每畝該徵原科米八勺其米二百七十二石八斗四升三合九

勺七撮三粟二粒
今每畝減徵米七抄八撮五圭七粟四粒一黍五粞七糠
共米二十六石七斗九升八合九
抄九撮九圭八粟四粒五黍三粞
二糠二粃
除減每畝實徵原科米七勺三抄一撮四圭三粟五粒八黍
四粞三糠共米二百四十六石四
升五合八勺七撮四粟七粒四黍
六粞七糠八粃
前冊核定實該蕩二百一十七頃七十五畝七分一釐六毫九絲
三忽

每畝該徵原科米一合八勺其米三十九石一斗九升六合二
勺九抄四圭七粟四粒
今每畝減徵米一勺七抄六撮七圭八粟八粒六黍六糲
八糠四粃其米三石八斗四升九
合六勺九抄九撮九圭九粟九粒
五黍一糲
除減每畝實徵原科米一合六勺二抄三撮二圭一粟一粒
三黍三糲一糠六粃其米三十五
石三斗四升六合五勺九抄四圭
七粟四粒四黍九糲
以上田地山蕩六則其該徵原科米一萬三千五十石

七斗九升三抄七撮八圭七粟三
粒
今共減徵米一千二百八十一石八斗一升六
合四勺九抄九撮八圭八粟六粒
三黍二粞三糠三粃
清賦案內包尾為五勺
奏銷冊內亦以五勺造報
以該縣實徵本色漕米一萬一千六百五
十三石九斗五升八合四勺計算
減去十分中之一分九毫九絲八
忽零
除減仍應共徵原科米一萬一千七百六十八石

九斗七升三合五勺二抄七撮九
圭八粟六粒六黍七粞六糠七粃
又該派加人丁米四百六十七石一斗四升七合
六勺七抄七撮八圭九粟六粒
按該縣人丁全書開載按田加派應於纂
造由單時按田則原科米數匀派
加徵至應減之米已於原科米內
統扣是以前項丁米仍照原數編
載
未減以前通共應徵原科并派加等米一萬三千五
百一十七石九斗三升七合七勺

五撮七圭六粟九粒除減徵外
今應其徵米一萬二千二百三十六石一斗二
升一合二勺五撮八圭八粟二粒
六黍七粞六糠七粃
按前項米石截尾該米一萬二千二百三
十六石一斗二升一合二勺內除
折徵灰石等米四百五十九石六
斗五升四合二勺外尚應徵漕南
本色米一萬一千七百七十六石
四斗六升七合
遇閏加徵月糧本折米七十七石

按前項閏米除折徵米一石六斗三升二
合二勺外應徵本色米七十五石
三斗六升七合八勺連原徵共該
米一萬一千八百五十一石八斗
三升四合八勺內除續減灰石米
四石六斗三合二勺外實該徵連
閏漕南本色米一萬一千八百四
十七石二斗三升一合六勺

無閏之年
除減仍應其徵本折米一萬二千二百三十六石一斗二升
一合二勺內除

正兌折徵灰石米二百三十六石八斗五升九合三勺

行糧減存米一百五十一石九斗八升九合一勺

月糧折徵米一十石三斗六升一合

零積餘米六石四斗四升四合八勺

孤貧口糧米五十四石

其米四百五十九石六斗五升四合二勺均攺米徵銀外

實應徵漕南本色米一萬一千七百七十六石四斗六升七合內再除

原糙南米一千一百八十二石八斗七升六合四勺

原糙項下夫船耗米八十八石七斗四升七合六勺

升科米九十六石七斗一合一勺

縣重四口糧米三十六石

其米二千四百四石三斗二升五合一勺均不議

減外

除減實徵漕糧行月米一萬二百七十二石一斗四升一

合九勺內

正兌正米六千九百七十四石四斗二升九合四勺

按前欵原徵米七千八百三十石一斗三

合四勺今減米八百五十五石六

斗七升四合外尚應徵米前數

正兌耗米二千七百八十九石七斗七升一合八勺

按前欵原徵米三千一百三十二石四升一合四勺今減米三百四十二石二斗六升九合六勺外尚應徵米前數

行糧本色米一百七十三石六斗八升一合四勺

按前欵原徵米一百九十五石今減米二十一石三斗一升八合六勺外尚應徵米前數

月糧本色米四百三十四石二斗五升九合三勺

按前欵原徵米四百九十六石八斗一升三合六勺今減米六十二石五斗

五升四合三勺外尚應徵米前數

有閏之年

除減仍應共徵本折米一萬二千三百一十三石一斗二升

一合二勺內除

正兌折徵灰石米二百四十一石四斗六升二合五勺

行糧減存米一百五十一石九斗八升九合一勺

月糧折徵米一十一石九斗九升三合二勺

零積餘米六石四斗四升四合八勺

孤貧口糧米五十四石

其米四百六十五石八斗八升九合六勺均攺米

徵銀外

實應徵漕南本色米一萬一千八百四十七石二斗三升一合六勺內再除

原糙南米一千一百八十二石八斗七升六合四勺

原糙項下夫船耗米八十八石七斗四升七合六勺

升科米九十六石七斗一合一勺

縣重四口糧米三十六石

共米一千四百四石三斗二升五合一勺均不議減外

除減實徵漕糧行月米一萬四百四十二石九斗六合五勺內

正兌正米六千九百七十一石一斗四升一合四勺

按前欵原徵米七千八百二十六石八斗
一升五合四勺今減米八百五十
五石六斗七升四合外尚應徵米
前數
正兌耗米二千七百八十八石四斗五升六合六勺
按前欵原徵米三千一百三十石七斗二
升六合二勺今減米三百四十二
石二斗六升九合六勺外尚應徵
米前數
行糧本色米一百七十三石六斗八升一合四勺
按前欵原徵米一百九十五石今減米二

十一石三斗一升八合六勺外尚
應徵米前數
月糧本色米五百九石六斗三升七合三勺
按前欵原徵米五百七十二石一斗八升
一合四勺今減米六十三石五斗
五升四合三勺外尚應徵米前數

臨安縣

前冊核定實、該田九百八十二頃、三畝六分七釐七毫六絲四忽

每畝該徵原科米二升二合七勺六抄共米二千二百三十五

石一斗一升五合七勺三撮八粟

六粒四黍

今每畝減徵米一升四勺九抄九撮九圭二粟七粒五黍

四粞六糠三粃共米一千三十一

石一斗三升一合五勺二黍一糠

四粃

按清賦局原派減米係照實徵本色漕米

以整數分等核減不以原科米數

計算今一則其減米數悉照清賦
局原定間有必須更正之處均於
各則登註原委備攷
除減每畝實徵原科米一升二合二勺六抄七粟二粒四黍
五糲三糠七粃共米一千二百三
石九斗八升四合二勺三撮八粟
六粒一黍九糲八糠六粃
以上田一則共該徵原科米二千二百三十五石一斗
一升五合七勺三撮八粟六粒四
黍
今共減徵米一千三十一石一斗三升一合五

勺二黍一糠四粃清賦案內截尾列五勺奏銷冊內亦以五勺造報

以該縣實徵本色漕米六千七百九十六
石八斗七升九合四勺計算減去
十分中之一分五釐一毫七絲零
除減仍應共徵原科米一千二百三石九斗八升
四合二勺三撮八粟六粒一黍九
粞八糠六粃
又該派加人丁米四百五十石五斗三升一合八
勺九抄七撮二圭八粟八粒二黍
四粞六糠五粃

按該縣人丁全書開載按糧加派應於纂
造由單時按各則原科米數匀派
加徵至應減之米已於原科米內
統扣是以前項丁米仍照原數編
載

又該並徵買漕米四千四百六十四石九斗五
升九合二勺四抄五圭

按前項買漕米石全書開載本在銀款科
徵續已改徵本色應於纂造由單
時按各則原科米數匀派並徵至
應減之米已於原科米內統扣是

以前項買漕米石仍照原數編載

未減以前通共應徵原科并派加並徵等米七千一

百五十石六斗六合八勺四抄八

圭七粟四粒六黍四糲六糠五粃

除減徵外

今應其徵米六千一百一十九石四斗七升五

合三勺四抄八圭七粟四粒四黍

四糲五糠一粃

按前項米石包尾該米六千一百一十九

石四斗七升五合四勺內除折徵

灰石等米二百四十三石七斗五

升三合八勺外尚應徵漕南本色
米五千八百七十五石七斗二升
一合六勺

遇閏加徵月糧本折米一百八十石

按前項閏米除折徵米二石九斗一合三
勺外應徵本色米一百七十七石
九升八合七勺連原徵其該米六
千五十二石八斗二升三勺內除
續減灰石米一石八斗四升一合
外實該徵連閏漕南本色米六千
五十石九斗七升九合三勺

無閏之年

除減仍應其徵本折米六千一百一十九石四斗七升五合

四勺內除

正兌折徵灰石米九十四石四斗三升二合九勺

行糧減存米六十三石三斗三升五合三勺

月糧折徵米四十九石二斗六升四合一勺

零積餘米七斗二升一合六勺

孤貧口糧米三十六石

共米二百四十三石七斗五升三合八勺均攺米

徵銀外

實應徵漕南本色米五千八百七十五石七斗二升一合

六勺丙再除

升科米七十四石七升六合七勺

縣重囚口糧米三十五石八斗九升七合

共米一百九石九斗七升三合七勺均不議減外

除減實徵漕糧行月米五千七百六十五石七斗四升七

合九勺丙

正兌正米二千六百六十石三斗五合四勺

按前欵原徵米三千一百二十一石八斗

四合五勺今減米四百六十一石

四斗九升九合一勺外尚應徵米

前數

正兑耗米一千六十四石一斗二升二合二勺
　按前欵原徵米一千二百四十八石七斗
　二升一合八勺今減米一百八十
　四石五斗九升九合六勺外尚應
　徵米前數
行糧本色米六十三石九斗八合
　按前欵原徵米七十五石今減米一十一
　石九升二合外尚應徵米前數
月糧本色米一千九百七十七石四斗一升二合三勺
　按前欵原徵米二千三百五十一石三斗
　五升三合一勺今減米三百七十

三石九斗四升八勺外尚應徵米

前數

有閏之年

除減仍應其徵本折米六千二百九十九石四斗七升五合

四勺內除

正兌折徵厫石米九十六石二斗七升三合九勺

行糧減存米六十三石三斗三升五合二勺

月糧折徵米五十二石一斗六升五合四勺

零積餘米七斗二升一合六勺

孤貧口糧米三十六石

其米二百四十八石四斗九升六合一勺均改米

徵銀外

實應徵漕南本色米六千五十石九斗七升九合三勺內

再除

升科米七十四石七升六合七勺

縣重四口糧米三十五石八斗九升七合

共米一百九石九斗七升三合七勺均不議減外

除減實徵糟糧行月米五千九百四十一石五合六勺內

正兌正米二千六百五十八石九斗九升四勺

按前欵原徵米三千一百二十石四斗八

升九合五勺今減米四百六十一

石四斗九升九合一勺外尚應徵

米前數

正兌耗米一千六十三石五斗九升六合二勺

按前欵原徵米一千二百四十八石一斗九升五合八勺今減米一百八十四石五斗九升九合六勺外尙應徵米前數

行糧本色米六十三石九斗八合

按前欵原徵米七十五石今減米一十一石九升二合外尙應徵米前數

月糧本色米二千一百五十四石五斗一升一合

按前欵原徵米二千五百二十八石四斗

五升一合八勺今減米三百七十
三石九斗四升八勺外尚應徵米
前數

新城縣

前冊核定實該田五百五十頃三畝二分八釐一毫八絲五忽八

徵七塵

每畝該徵原科米七升九合八勺其米四千三百八十九石二

斗六升一合八勺九抄二撮三圭

二粟四粒二黍六粞

今每畝減徵米一升四勺九抄九撮九圭四粟六粒一黍

九粞三糠八粃其米五百七十七

石五斗三升一合四勺九抄九撮

九圭九粟八粒七黍六粞五糠七

粃

按清賦局原派減米係照實徵本色漕米
以整數分等核減不以原科米數
計算今一則其減米數悉照清賦
局原定間有必須更正之處均於
各則登註原委備攷

除減每畝實徵原科米六升九合三勺五粟三粒八黍六糠
二粃共米三千八百一十一石七
斗三升三勺九抄二撮三圭二粟
五粒四黍九粞四糠三粃

以上田一則共該徵原科米四千三百八十九石二斗
六升一合八勺九抄二撮三圭二

粟四粒二黍六粞

今共減徵米五百七十七石五斗三升一合四

勺九抄九撮九圭九粟八粒七黍

六粞五糠七粃五勺（清賦案內包括爲奏銷冊內）

亦以五勺造報

以該縣實徵本色漕米四千一百六十九

石八斗二升六合八勺計算減去

十分中之一分三釐八毫五絲零

除減仍應共徵原科米三千八百一十一石七

斗三升三勺九抄二撮三圭二粟

五粒四黍九粞四糠三粃

未減以前應徵原科米四千三百八十九石二斗六升一合八勺九抄二撮三圭二粟四粒二黍六粞除減徵外

今應共徵米三千八百一十一石七斗三升三勺九抄二撮三圭二粟五粒四黍九粞四糠三粃（撥以徵抵解計不敷米一勺零）

按前項米石察照解額該米三千八百一十一石七斗三升五勺（內）除折徵灰石等米一百八十二石七斗五升三合五勺外尚應徵漕南本色米三千六百二十七石九斗七升

七合

遇閏加徵月糧本折米二百八石

按前項閏米除折徵米二石三斗四升二合二勺外尚應徵本色米一百五石六斗五升七合八勺並原徵共該米三千七百三十三石六斗三升四合八勺內除續減灰石米一石一斗二升四合二勺外實該徵連閏漕南本色米三千七百三十二石五斗一升六勺

無閏之年

除減仍應共徵本折米三千八百一十一石七斗三升五勺

內除

正兌折徵灰石米五十七石七斗三升六合

行糧減存米三十石二斗九升六合八勺

月糧折徵米三十石四斗二升三合五勺

零積餘米一十一石二斗九升七合一勺

孤貧口糧米五十四石

共米一百八十三石七斗五升三合五勺均改米

徵銀外

實應徵漕南本色米三千六百二十七石九斗七升七合

內再除

縣重四口糧米三十五石六斗八升一合七勺

其米三十五石六斗八升一合七勺均不議減外

除減實徵漕糧行月米三千五百九十二石二斗九升五

合三勺內

正兌正米一千六百五十石九斗六升五合八勺

按前欵原徵米一千九百八石七斗六升

今減米二百五十七石七斗九升

四合二勺外尚應徵米前數

正兌耗米六百六十石三斗八升六合三勺

按前欵原徵米七百六十三石五斗四合

今減米一百三石一斗一升七合

七勺外尙應徵米前數

行糧本色米三十八石九斗一升九合八勺

按前款原徵米四十五石今減米六石八

升二勺外尙應徵米前數

月糧本色米一千二百四十二石二升三合四勺

按前款原徵米一千四百五十二石五斗

六升二合八勺今減米二百一十

石五斗三升九合四勺外尙應徵

米前數

有閏之年

除減仍應其徵本折米三千九百一十九石七斗三升五勺

內除

正兌折徵灰石米五十八石八斗六升二勺

行糧減存米三十石二斗九升六合八勺

月糧折徵米三十二石七斗六升五合七勺

零積餘米一十一石二斗九升七合二勺

孤貧口糧米五十四石

共米一百八十七石二斗一升九合九勺均改米

徵銀外

實應徵漕南本色米三千七百三十二石五斗一升六勺

內再除

縣重囚口糧米三十五石六斗八升一合七勺

共米三十五石六斗八升一合七勺均不議減外

除減實徵漕糧行月米三千六百九十六石八斗二升八

合九勺內

正兌正米一千六百五十石一斗六升二合八勺

按前欵原徵米一千九百七石九斗五升

七合今減米二百五十七石七斗

九升四合二勺外尚應徵米前數

正兌耗米六百六十石六升五合一勺

按前欵原徵米七百六十三石一斗八升

二合八勺今減米一百三石一斗

一升七合七勺外尚應徵米前數

行糧本色米三十八石九斗一升九合八勺
撥前欵原徵米四十五石今減米六石八
升二勺外尚應徵米前數
月糧本色米一千三百四十七石六斗八升一合二勺
撥前欵原徵米一千五百五十八石二斗
二升六勺今減米二百一十石五
斗三升九合四勺外尚應徵米前
數

於潛縣

前冊核定實該田五百二十二頃九十七畝八分五釐九毫八絲九忽八微八塵一渺二漠二埃二纖六沙

每畝該徵原科米一升六合七勺其米八百七十三石三斗七升四合二勺六抄三圭一粟二黍六粞四糠

今每畝減徵米五合一勺三抄八撮八圭三粟九粒三黍四粞二糠九粃其米二百六十八石七斗五升二勺九抄九撮九圭九粟七粒四黍八粞八糠四粃

按清賦局原派減米係照實徵本色漕米以整數分等核減不以原科米數計算今一則其減米數悉照清賦局原定間有必須更正之處均於各則登註原委備考

除減每畝實徵原科米一升一合五勺六抄一撮一圭六粟六黍五粫七糠一粃其米六百四石六斗二升三合九勺六抄三圭一粟二粒六黍七粫五糠六粃

前册核定實該地三百五十四頃九十一畝八分一釐六毫八絲五忽六塵

每畝該徵原科米五合四勺共米一百九十一石六斗五升五
合八勺一抄九圭九粟三粒二黍
四粞
今每畝減徵米一合六勺一抄二撮五圭四粟七黍二粞
二糠九粃共米五十七石二斗三
升二合一粒三黍九粃
除減每畝實徵原科米三合七勺八抄七撮四圭五粟九粒
二黍七粞七糠一粃共米一百三
十四石四斗二升三合八勺一抄
九圭九粟一粒九黍三粞九糠一
粃

前冊核定實該山五百八十七頃三十五畝八分二釐七毫
每畝該徵原科米六抄其米三石五斗二升四合一勺四抄九
撮六圭二粟
今每畝減徵米九撮九圭九粟九粒七糠九粃其米五斗
八升七合二勺九抄九撮九圭九
粟八粒一黍八稨六糠
除減每畝實徵原科米五抄九黍九稨二糠一粃其米二石
九斗三升六合八勺四抄九撮六
圭二粟一粒八黍一稨四糠
前冊核定實該塘一十三頃二十八畝二分七釐二毫七絲
每畝該徵原科米三合五勺其米四石六斗四升八合九勺五

抄四撮四圭五粟

今每畝減徵米九勺九抄九撮七圭九粟四粒六黍九粞

五糠八粃共米一石三斗二升八

合三粞五糠九粃

除減每畝實徵原科米二合五勺二圭五粒三黍四糠二粃

共米三石三斗二升九勺五抄四

撮四圭四粟九粒九黍六粞四糠

一粃

以上田地山塘四則共該徵原科米一千七十三石二

斗三合一勺七抄五撮三圭七粟

三粒四黍四糠

今共減徵米三百二十七石八斗九升七合五
勺九抄九撮九圭九粟七粒一粞
一糠二粃 清賦案內包尾爲六勺
奏銷冊內亦以六勺
造報
以該縣實徵本色漕米三千二十九石九
斗四升四合八勺計算減去十分
中之一分八毫二絲一忽零
除減仍應其徵原科米七百四十五石三斗五合
五勺七抄五撮三圭七粟六粒三
黍九粞二糠八粃
又該並徵買漕米二千一百二十五石九斗九升

三合七勺五抄五圭一粟四粒

按前項買漕米石全書開載本在銀欵科徵續已改徵本色應於纂造由單時按各則原科米數勻派並徵至應減之米已於原科米內統扣是以前項買漕米石仍照原數編載

未減以前通共應徵原科并並徵買漕米三千一百九十九石一斗九升六合九勺二抄五撮八圭八粟七粒四黍四糠

除減徵外

今應其徵米二千八百七十一石二斗九升九

合三勺二抄五撮八圭九粟三黍
九粞二糠八粃
按前項米石截尾該米二千八百七十一
石二斗九升九合三勺内除折徵
灰石等米一百五十五石六斗六
升六合八勺外尚應徵漕南本色
米二千七百一十五石六斗三升
二合五勺
遇閏加徵月糧本折米六十九石九斗六升三合
四勺
按前項閏米除折徵米一石五斗八升一

合七勺外尚應徵本色米六十八
石三斗八升一合七勺連原徵其
該米二千七百八十四石一升四
合二勺內除續減灰石米九斗一
升九合八勺外實該徵連閏漕南
本色米二千七百八十三石九升
四合四勺

無閏之年
除減仍應其徵本折米二千八百七十一石二斗九升九合
三勺內除
正兌折徵灰石米四十四石九斗二升六合九勺

行糧減存米三十五石四斗三合三勺

月糧折徵米二十石二斗三升八合八勺

零積餘米一石九升七合八勺

孤貧口糧米五十四石

共米一百五十五石六斗六升六合八勺均攺米

徵銀外

實應徵漕南本色米二千七百一十五石六斗三升二合

五勺內再除

升科米一石八斗六升四合五勺

縣重囚口糧米一十一石七斗二升八勺

共米一十三石五斗八升五合三勺均不議減外

除減實徵漕糧行月米二千七百二石四升七合二勺

正兌正米一千三百二十九石一斗八升四合五勺

按前欵原徵米一千四百八十六石四斗七升六合三勺今減米一百五十七石二斗九升一合八勺外尚應徵米前數

正兌耗米五百三十一石六斗七升三合八勺

按前欵原徵米五百九十四石五斗九升五勺今減米六十二石九斗一升六合七勺外尚應徵米前數

行糧本色米二十六石八斗二升四合一勺

按前欵原徵米三十石今減米三石一斗
七升五合九勺外尚應徵米前數
月糧本色米八百一十四石三斗六升四合八勺
按前欵原徵米九百一十八石八斗七升
八合今減米一百四石五斗一升
三合二勺外尚應徵米前數
有閏之年
除減仍應其徵本折米二千九百四十一石二斗六升二合
七勺內除
正兊折徵灰石米四十五石八斗四升六合七勺
行糧減存米三十五石四斗三合三勺

月糧折徵米二十一石八斗二升五勺

零積餘米一石九升七合八勺

孤貧口糧米五十四石

共米一百五十八石一斗六升八合三勺均改米

徵銀外

實應徵漕南本色米二千七百八十三石九升四合四勺

內再除

升科米一石八斗六升四合五勺

縣壅囚口糧米一十一石七斗二升八勺

共米一十三石五斗八升五合三勺均不議減外

除減實徵漕糧行月米二千七百六十九石五斗九合一

勺內

正兌正米一千三百二十八石五斗二升七合五勺

按前欵原徵米一千四百八十五石八斗

一升九合三勺今減米一百五十

七石二斗九升一合八勺外尚應

徵米前數

正兌耗米五百三十一石四斗一升一合

按前欵原徵米五百九十四石三斗二升

七合七勺今減米六十二石九斗

一升六合七勺外尚應徵米前數

月糧本色米二十六石八斗二升四合一勺

按前欵原徵米三十石今減米三石一斗
七升五合九勺外尙應徵米前數
月糧本色米八百八十二石七斗四升六合五勺
按前欵原徵米九百八十七石一斗五升
九合七勺今減米一百四石五斗
一升三合二勺外尙應徵米前數

一斗四合三勺　蠲緩米漕

九升七合五勺　減米一百四石五斗

蠲緩米九升八合　二石　五升

已蠲緩米六百八十三石六斗四升六合五勺

九升五合九勺九抄　蠲緩米

蠲緩米二十一石八斗　減米三石一

昌化縣

前册核定實該民田四百五十頃四十八畝四分四釐六毫五絲四忽

每畝該徵原科米一升五合一勺其米六百八十石二斗三升一合五勺四抄二撮七圭五粟四粒

今每畝減徵米四合四勺四抄七撮四圭三粟一粒五黍五粞一糠三粃其米一百石三斗四升九合八勺八抄二撮四圭七粟九粒四粞七糠三粃

按清賦局原派減米係照實徵本色漕米

以整數分等核減不以原科米數
計算今一則其減米數悉照清賦
局原定間有必須更正之處均於
各則登註原委備攷並察前項民
田與僧田同一科則減數未便參
差今已科減均勻致與清賦原減
米數稍有未符

除減每畝實徵原科米一升六勺五抄二撮五圭六粟八粒
四黍四糆八糠七粃共米四百七
十九石八斗八升一合六勺六抄
二圭七粟四粒九黍五稛二糠七

粃

前冊核定實該僧田九十三畝三分一釐六毫

每畝該徵原科米一升五合一勺共米一石四斗九合七抄一

撮六圭

今每畝減徵米四合四勺四抄七撮四圭三粟一粒五黍

五粞一糠三粃共米四斗一升五

合一抄六撮五圭二粟二粒六黍

四粞一糠一粃

除減每畝實徵原科米一升六勺五抄二撮五圭六粟八粒

四黍四粞八糠七粃共米九斗九

升四合五抄五撮七粟七粒三黍

五粞八糠九粃

前冊核定實該民地二百四十三頃三十九畝六分九釐一毫一

絲九忽

每畝該徵原科米二合九勺共米七十石五斗八升五合一勺

四撮四圭五粟一粒

今每畝減徵米八勺五抄四撮三圭一粟二粒四黍二粃

共米二十石七斗九升三合七勺

六黍五粞五糠七粃

除減每畝實徵原科米二合四抄五撮六圭八粟七粒五黍

九粞九糠八粃共米四十九石七

斗九升一合四勺四撮四圭五粟

三黍四粞四糠三粃
前册核定實該僧地一頃八畝四分五釐三毫
每畝該徵原科米四合一勺共米四斗四升四合六勺五抄七
撮三圭
今每畝減徵米一合二勺五抄三圭一粟一粒一黍九粞
四糠七粃共米一斗三升五合五
勺九抄九撮九圭九粟九粒九黍
九粞八糠八粃
除減每畝實徵原科米二合八勺四抄九撮六圭八粟八粒
八黍五糠三粃共米三斗九合五
抄七撮三圭一糠二粃

前冊核定實該民僧山二百一十六頃四十七畝七分四釐一毫
九絲
每畝該徵原科米七勺其米一十五石一斗五升三合四勺一
抄九撮三圭三粟
今每畝減徵米二勺五撮九圭九粟三粒七黍七糲一糠
六粃其米四石四斗五升九合三
勺六黍四糠四粃
除減每畝實徵原科米四勺九抄四撮六粒二黍二糲八糠
四粃其米一十石六斗九升四合
一勺一抄九撮三圭二粟九粒三
黍九糲五糠六粃

以上田地山五則共該徵原科米七百六十七石八斗
二升三合七勺九抄五撮四圭三
粟五粒
今共減徵米二百二十六石一斗五升三合四
勺九抄九撮三粒九黍四糠七穅
三粃（清賦案內截尾列五勺奏銷冊內亦以五勺造報）
以該縣實徵本色漕米二千一百四十二
石九斗一升二合五勺計算減去
十分中之一分五毫五絲三忽零
除減仍應共徵原科米五百四十一石六斗七升
二勺九抄六撮四圭三粟二粒五

粞二糠七粃

又該並徵買漕米一千五百一十一石八斗八升四合四勺七抄五撮七圭六粟三粒六黍

按前項買漕米石全書開載本在銀欵科徵續已改徵本色應於纂造由單時按各則原科米數勻派並徵至應減之米已於原科米內統扣是以前項買漕米石仍照原數編載

未減以前通共應徵原科并並徵買漕米二千三百七十九石七斗八合二勺七抄一

撮一圭九粟八粒六黍除減徵外
今應共徵米二千五十三石五斗五升四合七勺
七抄二撮一圭九粟五粒六黍五
粞二糠七粃
撥前項米石截尾該米二千五十三石五
斗五升四合七勺內除折徵灰石
等米九十七石九斗二升五合一
勺外尚應徵漕南本色米一千九
百五十五石六斗二升九合六勺
遇閏加徵月糧本折米四十一石三斗一升四合
八勺

按前項閏米除折徵米九斗一升七合四勺外應徵本色米四十石三斗九升七合四勺連原徵其該米一千九百九十六石二升七合內除續減灰石米六斗三升九合八勺外實該徵連閏漕南本色米一千九百九十五石三斗八升七合二勺

無閏之年

除減仍應其徵本折米二千五十三石五斗五升四合七勺

內除

正兌折徵灰石米三十一石九斗五升九合四勺

之

昌化

共米三十八石八斗七升六勺均不議減外

縣重囚口糧米一十七石五斗三合六勺

升科米一十一石三斗六升七合

六勺内再除

實應徵漕南本色米一千九百五十五石六斗一升九合

外

共米九十七石九斗一升五合一勺均改米徵銀

孤貧口糧米三十五石四斗七合八勺

零積餘米三斗五合八勺

月糧折徵米一十三石四斗六升七合二勺

行糧減存米一十六石七斗八升四合九勺

除減實徵漕糧行月米一千九百一十六石七斗五升九合內

正兌正米九百四十五石五升七合二勺

按前款原徵米一千五十七石八升九合三勺今減米一百一十二石三升一合一勺外尚應徵米前數

正兌耗米三百七十八石二升二合九勺

按前款原徵米四百二十二石八斗三升五合八勺今減米四十四石八斗一升二合九勺外尚應徵米前數

行糧本色米二十六石八斗一升九合二勺

按前欵原徵米三十石今減米三石一斗
八升八勺外尚應徵米前數

月糧本色米五百六十六石八斗五升九合七勺
按前欵原徵米六百三十二石九斗八升
七合四勺今減米六十六石一斗
二升七合七勺外尚應徵米前數

有閏之年
除減仍應共徵本折米二千九十四石八斗六升九合五勺
內除
正兌折徵灰石米三十二石五斗九升九合二勺
行糧減存米一十六石七斗八升四合九勺

月糧折徵米一十四石三斗八升四合五勺
零積餘米三斗五合八勺
孤貧口糧米三十五石四斗七合八勺
其米九十九石四斗八升二合三勺均改米徵銀
外
實應徵漕南本色米一千九百九十五石三斗八升七合
二勺內再除
升科米二十一石三斗六升七合
縣重四口糧米一十七石五斗三合五勺
其米三十八石八斗七升六勺均不議減外
除減實徵漕糧行月米一千九百五十六石五斗一升六

合六勺內
正兌正米九百四十四石六斗二勺
按前欵原徵米一千五十六石六斗三升
二合三勺今減米一百一十二石
三升二合一勺外尚應徵米前數
正兌耗米三百七十七石八斗四升一勺
按前欵原徵米四百一十二石六斗五升三
合今減米四十四石八斗一升二
合九勺外尚應徵米前數
行糧本色米二十六石八斗一升九合二勺
按前欵原徵米三十石今減米三石一斗

八升八勺外尚應徵米前數

月糧本色米六百七石二斗五升七合一勺

按前欵原徵米六百七十三石三斗八升

四合八勺今減米六十六石一斗

二升七合七勺外尚應徵米前數

浙江省減賦全案卷七終

1107

浙江文獻集成

浙江文叢

浙江省減賦全案

〔第四册〕

〔清〕興奎 等編纂

浙江古籍出版社

浙江省減賦全案 卷八

嘉屬除減實徵細册

03050

嘉興縣

前冊核定實該徵田八千四十六頃一十八畝四分一釐四毫

每畝該徵原科米一斗四升六勺六抄四撮其米一十一萬三千一百八十石八斗四升四合五勺八抄六撮八圭九粟六粒

今每畝減徵米三升二合四勺九抄五撮四圭八粟四粒四黍九粞九糠三粃其米二萬六千一百四十六石四斗六升五合一勺九抄九撮九圭八粟八粒三黍五粞一粃

按清賦局原派減米係照實徵本色漕米

上海市歷史文獻圖書館藏

[illegible]

以整數分等核減不以原科米數計算今一則共減米數悉照清賦局原定間有必須更正之處均於各則登註原委備孜節察清賦案內前項徵田與新升田及蕩地攺辦徵田一則開列減米亦一則核派今照全書分則開載減米亦應派分致與原減米數未符

除減每畝實徵原科米一斗八合一勺六抄八撮五圭一粟五粒五黍七粃其米八萬七千三十四石三斗七升九合三勺八抄

六撮九圭七粒六黍四粞九糠九

粃

前冊核定實該新壓田九十七畝四分二毫

每畝該徵原科米一斗四升一合一勺七抄七撮三圭共米一

十三石七斗五升九勺五抄一撮

三圭七粟四粒六黍

今每畝減徵米三升二合四勺九抄八撮三圭五粒九黍

八粞九糠六粃共米三石一斗六

升五合三勺九抄九撮九圭九粟

九粒九黍九粞九糠

除減每畝實徵原科米一斗八合六勺七抄八撮九圭九粟

四粒一粞四粃共米一十石五斗
八升五合五勺五抄一撮三圭七
粟四粒六黍一糠
前冊核定實該蕩地改辦徵田三十五畝五分
每畝該徵原科米一斗四升三合二勺三抄四撮共米五石八
升四合八勺七撮
今每畝減徵米三升二合四勺九抄八撮五圭九粟一粒
五黍四粞九糠三粃共米一石一
斗五升三合七勺一粃
除減每畝實徵原科米一斗一升七勺三抄五撮四圭八粒
四黍五粞七粃共米三石九斗三

升一合一勺六撮九圭九粟九粒

九黍九糲九糠九粃

前册核定實該徵地六百五十三頃九十三畝四分九釐六毫

每畝該徵原科米一斗三升九合八勺七抄六撮共米九千一

百四十六石九斗八升六勺四抄

六撮四圭九粟六粒

今每畝減徵米三升二合四勺九抄七撮九圭六粟四粒

三黍二糲三糠五粃共米二千一

百二十五石一斗五升五合四勺

九抄九撮九圭九粟六粒九黍四

糲

按清賦案內前項徵地與新升地一則開列減米亦一則核派今照全書分則開載減米亦應派分致與原減米數未符

除減每畝實徵原科米一斗七合三勺七抄八撮三粟五粒六黍七糯六糠五粃共米七千二十一石八斗二升五合一勺［上缺］六撮四圭九粟九粒六糯

前冊核定實該新陞地一十四畝九分八毫
每畝該徵原科米一斗四升三勺八抄六撮四圭共米二石九升二合八勺八抄四圭五粟一粒

一黍

今每畝減徵米三升一合四勺九抄九撮三圭二粟九粒

二黍一糲九糠二粃共米四斗八

升四合四勺九抄九撮九圭九粟

九粒九黍九糲九糠八粃

除減每畝實徵原科米一斗七合八勺八抄七撮七粟七黍

八糲八粃共米一石六斗八合三

勺八抄四圭五粟一粒二黍二粃

前冊核定實該蕩地一十四頃八十一畝八分一釐五毫

每畝該徵原科米一斗一升四合五勺四抄一撮三圭六粟六

粒一黍九糠八粃共米一百六十

九石七斗二升九合一勺一抄四撮五圭七粟一黍四粞九糠三粃

今每畝減徵米二升七合四勺九抄八撮三圭四粒四黍四粞四糠二粃其米四十石七斗四升七合三勺九抄九撮九圭九粟九粒九黍五粞六糠七粃

按清賦案內前項蕩地與新升蕩地一則開列減米亦一則核派今照全書分則開載減米亦應派分致與原減米數未符

除減每畝實徵原科米八升七合四抄三撮六粟一粒七

黍六粞五糠六粃共米一百二十

八石九斗八升一合七勺一抄四

撮五圭七粟一黍九粞二糠六粃

前冊核定實該新升蕩地五分

每畝該徵原科米一斗一升四合九勺五抄九撮三圭三粟九

粒九黍九粞八糠六粃共米五升

七合四勺七抄九撮六圭六粟九

粒九黍九粞九糠三粃

今每畝減徵米二升七合四勺共米一升三合七勺

除減每畝實徵原科米八升七合五勺五抄九撮三圭三粟

九粒九黍九粞八糠六粃共米四

升三合七勺七抄九撮六圭六粟
九粒九黍九粞九糠三粃
前冊核定實該山八十八畝四分三毫
每畝該徵原科米四升九合二勺五抄二撮三圭其米四石三
斗五升四合五抄一撮七粟六粒
九黍
今每畝減徵米四合七勺九抄九撮六圭一粟八黍七粞
二糠九粃其米四斗二升四合二
勺九抄九撮九圭九粟九粒九黍
九粞七糠
除減每畝實徵原科米四升四合四勺五抄二撮六圭八粟

九粒一黍二糲七糠一粃共米三
石九斗二升九合七勺五抄一撮
七粟六粒九黍三糠

前册核定實該蕩灘七十頃七畝二分二釐七毫

每畝該徵原科米四升九合一勺八抄五撮二圭一粟八粒二
黍一糲四糠七粃共米三百四十
四石六斗五升一合九勺八抄九
撮七粟四粒五黍五糲七粃

今每畝減徵米四合七勺九抄九撮七圭一粒七黍九糲
三糠六粃共米三十三石六斗三
升二合五勺九抄九撮九圭九粟

九粒六黍七粞五糠四粃

按濤賦案內前項蕩灘與新升蕩灘一則開列減米亦一則核派今照全書分則開列減米亦應派分致與原減米數未符

除減每畝實徵原科米四升四合三勺八抄五撮五圭一粟六粒四黍二粞一糠一粃共米三百一十一石一升九合三勺八抄九撮七粟四粒八黍七粞五糠三粃

前冊核定實該新升蕩灘五十一畝二分九釐八毫

每畝該徵原科米四升九合三勺六抄四撮六圭九粟二粒八
黍一粞九粃其米二石五斗三升
二合三勺一抄一粟一粒八黍一
粞三糠五粃
今每畝減徵米四合七勺九抄九撮四圭七粒三黍八粞
四糠三粃其米二斗四升六合一
勺九抄九撮九圭九粟九粒九黍
九粞九糠八粃
除減每畝實徵原科米四升四合五勺六抄五撮二圭八粟
五粒四黍二粞六糠六粃其米二
石二斗八升六合一勺一抄一粟

一粒八黍一糲三糠七粃

以上田地山蕩灘十則共該徵原科米一十二萬二千八百七十石七升八合八勺一抄六撮六圭二粟一粒二黍一糲二糠八粃

今共減徵米二萬八千三百五十一石四斗八升八合四勺九抄九撮九圭八粟四粒九黍一糲七糠九粃清賦案內包尾爲五勺奏銷冊內亦以五勺造報

以該縣實徵本色漕米一十萬一千三百四十四石二升八合計算減去十

分中之二分七釐九毫七絲零
除減仍應其徵原科米九萬四千五百一十八石
五斗九升三勺一抄六撮六圭三
粟六粒二黍九稇四糠九粃
又該派加改漕舂耗米三十石五斗三升五合五
勺
按改漕舂耗米石係加派之欵應按各則
原科米數匀派加徵
未減以前通共應徵原科并派加等米一十二萬二
千九百石六斗一升四合三勺一
抄六撮六圭二粟一粒二黍一稇

二糠八粃除減徵外

今應共徵米九萬四千五百四十九石一斗二升五合八勺一抄六撮六圭三粟六粒二黍九糲四糠九粃

按前項米石截尾該米九萬四千五百四十九石一斗二升五合八勺內除折徵灰石等米五千三百一石一斗五升七合七勺外該徵漕南本色米八萬九千二百四十七石九斗一升八合一勺

遇閏加徵月糧本折米一百八十石四斗

按前項閏米除折徵米三石八斗八升五合四勺外應徵本色米一百七十六石五斗一升四合六勺連原徵其該米八萬九千四百二十四石四斗八升二合七勺內除續減灰石米三十五石五斗九升三合六勺外實該徵連閏漕南本色米八萬九千三百八十八石八斗八升九合一勺

無閏之年

除減仍應其徵本折米九萬四千五百四十九石一斗二升

五合八勺丙除

兌改折徵灰石米一千八百二十三石五斗五升六合

行糧減存米八百五十一石一斗六升五合

月糧折徵米四十四石二斗七升四合八勺

經費折徵米三百二十九石二斗八升

零積餘米六十四石八升一合九勺

孤貧口糧米二千一百八十八石八斗

共米五千三百一石一斗五升七合七勺均改米徵

銀外

實應徵漕南本色米八萬九千二百四十七石九斗六升

八合一勺丙再除

原白改糙南米七百二十六石七升五合
原白項下夫船耗米五十六石三斗一升一合二勺
原糙南米一萬四千五百七十四石一斗一升三合五勺
原糙項下夫船耗米八百七十四石五斗三升八合二勺
升科米一十九石三斗九升七勺
祭祀米五石
其米一萬六千二百五十五石四斗二升八合六勺
均不議減外
除減實徵漕白改漕行月米七萬二千九百九十二石五

斗三升九合五勺內

正兌正米三萬九千四百二十石一斗五升九合三勺

按前欵原徵米五萬七千三百二十二石五斗四升今減米一萬七千九百二石三斗八升七勺外尚應徵米前數

正兌耗米一萬五千七百六十八石六升三合七勺

按前欵原徵米二萬二千九百二十九石一升六合今減米七千一百六十石九斗五升二合三勺外尚應徵米前數

改兌正米二千九百六十五石九斗二升
耗米一千一百八十六石三斗六升八合
按前項正耗米石照章不減仍照原數
科徵
改漕正米三千二百一十石九斗一升四合二勺
按前欵原徵米四千六百七十石二升
二合六勺今減米一千四百五十
九石一斗八合四勺外尚應徵米
前數
改漕耗米一千二百八十四石三斗六升五合七勺
按前欵原徵米一千八百六十八石九

合今減米五百八十三石六斗四
升三合三勺外尚應徵米前數
白糧正米三千八百五十一石四斗六升七合
耗米一千七百三十三石一斗六升二勺
按前項正耗米石照章不減仍照原數
科徵
行糧本色米一千一百六十一石二斗八升六合五勺
按前欵原徵米一千六百八十九石今
減米五百二十七石七斗一升三
合五勺外尚應徵米前數
月糧本色米一千四百二石八斗三升四合九勺

按前欵原徵米二千一百二十石五斗

二升五合二勺今減米七百一十

七石六斗九升三勺外尚應徵米

前數

經費食本色米一千八石

按前項米石照章不減仍照原數科徵

有閏之年

除減仍應共徵本折米九萬四千七百二十九石五斗二升

五合八勺內除

兌改折徵灰石米一千八百五十九石一斗四升九合

六勺

行糧減存米八百五十一石一斗六升五合

月糧折徵米四十八石一斗六升二勺

經費折徵米三百二十九石二斗八升

零積餘米六十四石八升一合九勺

孤貧口糧米二千一百八十八石八斗

共米五千三百四十石六斗三升六合七勺均改米

徵銀外

實應徵漕南本色米八萬九千三百八十八石八斗八升

九合一勺內再除

原白改糙南米七百二十六石七升五合

原白項下夫船耗米五十六石三斗一升一合二勺

原糙南米一萬四千五百七十四石一斗一升三合五
勺
原糙項下夫船耗米八百七十四石五斗三升八合二
勺
升科米一十九石三斗九升七勺
祭祀米五石
共米一萬六千二百五十五石四斗二升八合六勺
均不議減外
除減實徵漕白畋漕行月米七萬三千一百三十三石四
斗六升五勺內
正兌正米二萬九千三百九十五石九斗八升四合三

勺

按前欵原徵米五萬七千二百九十八石三斗六升五合今減米一萬七千九百二石三斗八升七勺外尚應徵米前數

正兌耗米一萬五千七百五十八石三斗九升三合七勺

按前欵原徵米二萬二千九百一十九石三斗四升六合今減米七千一百六十石九斗五升二合三勺外尚應徵米前數

改兌正米二千九百六十四石六斗七升一合

耗米一千一百八十五石八斗六升八合四勺

按前項正耗米石照章不減仍照原數

科徵

改漕正米三千二百一十石九斗一升四合二勺

按前欵原徵米四千六百七十石二升

二合六勺今減米一千四百五十

九石一斗八合四勺外尚應徵米

前數

改漕耗米一千二百八十四石三斗六升五合七勺

按前欵原徵米一千八百六十八石九

合今減米五百八十三石六斗四
升三合三勺外尚應徵米前數
白糧正米三千八百五十一石四斗六升七合
耗米一千七百三十三石一斗六升二勺
按前項正耗米石照章不減仍照原數
科徵
行糧本色米一千一百六十一石二斗八升六合五勺
按前歘原徵米一千六百八十九石今
減米五百二十七石七斗一升三
合五勺外尚應徵米前數
月糧本色米一千五百七十九石三斗四升九合五勺

按前欵原徵米二千二百九十七石三升九合八勺今減米七百一十七石六斗九升三勺外尚應徵米前數

經費食本色米一千八石

按前項米石照章不減仍照原數科徵

秀水縣

前册核定實該田五千二百五十一頃六十一畝四分二釐五毫六絲五忽九微七塵九渺四漠二埃八纖七沙

每畝該徵原科米一斗六升八合四抄九撮四圭四粟五粒一黍一稇四糠九粃共米八萬八千二百五十三石八升六合一勺七抄七撮八圭七粟八粒二黍三稇六糠七粃

今每畝減徵米四升七合九勺二抄五圭三粟五粒二黍三稇四粃共米二萬五千一百六

十六石一升六合五勺九抄九撮
九圭七粟七粒二黍六糲二糠七
粃

按清賦局原派減米係照實徵本色漕米
以整數分等核減不以原科米數
計算今一則共減米數悉照清賦
局原定間有必須更正之處均於
各則登註原委備攷

除減每畝實徵原科米一斗二升一勺二抄八撮九圭九粒
八黍八糲四糠五粃共米六萬三
千八十七石六升九合五勺七抄

七撮九圭九黍七粞四糠

前册核定實該零東田三百三十四頃二十七畝三分

每畝該徵原科米一斗五升九合一勺八抄其米五千三百二

十石九斗五升七合六勺一抄四

撮

今每畝減徵米三升七合四勺三抄七撮九圭七粟一粒

三黍五粞八糠七粃其米一千二

百五十一石四斗五升二勺九抄

九撮九圭九粟八粒六黍七粞二

糠五粃

除減每畝實徵原科米一斗二升一合七勺四抄二撮二粟

八粒六黍四粞一糠三粃共米四
千六十九石五斗七合三勺一抄
四撮一粒三黍二粞七糠五粃

前冊核定實該零西田三百七十六頃二十三畝五釐
每畝該徵原科米一斗三升七合七勺九抄六圭九粟九粒九
黍八粞三糠一粃共米五千一百
八十四石一斗六合三勺九抄四
撮九圭九粟九粒一黍七粞四粃

今每畝減徵米三升二合四勺四抄六撮二圭四粟二粒
三黍九粞六糠六粃共米一千二
百二十石七斗二升六合五勺九

抄九撮九圭九粟九粒四黍一糠六粃

除減每畝實徵原科米一斗五合三勺四抄四撮四圭五粟七粒五黍八粞六糠五粃共米三千九百六十三石三斗七升九合七勺九抄四撮九圭九粟九粒七黍六粞八糠八粃

前冊核定實該雲五都草租田一頃三十五畝七分一釐

每畝該徵原科米一斗九升一合二勺九撮九圭九粟九粒二黍六粞三糠一粃共米二十五石九斗四升九合一勺八撮九圭九

粟九粒九黍九粞五糠三粃

今每畝減徵米五升三合九勺一抄五圭四粟四粒五黍四粞三糠五粃共米七石三斗一升六合一勺九抄九撮九圭九粟九粒九黍九粞八糠四粃

除減每畝實徵原科米一斗三升七合二勺九抄九撮四圭五粟四粒七黍一粞九糠六粃共米一十八石六斗三升二合九勺八撮九圭九粟九粒九黍九粞六糠九粃

前冊核定實該蕩田一十九畝二分九釐

每畝該徵原科米五升九合一勺三抄八撮五粟八黍三糠五
粃共米一石一斗四升七勺七抄
二撮九圭九粟九粒九黍九粞九
糠五粃
今每畝減徵米五合六勺八抄六撮八圭八粟四粒三黍
九粞六糠一粃共米一斗九合七
勺八粃
除減每畝實徵原科米五升三合四勺五抄一撮一圭六粟
六粒四黍七糠四粃共米一石三
升一合七抄二撮九圭九粟九粒
九黍九粞八糠七粃

前冊核定實該伏三十等都蕩田二頃四十六畝七分七釐

每畝該徵原科米一斗八合四勺一抄八撮九圭九粟七粒四

黍四糲七糠其米二十六石七斗

五升四合五勺五抄五撮九圭九

粟九粒九黍九糲六糠二粃

今每畝減徵米二升四合九勺五抄八撮四圭六粟三粒

三黍四糲六糠四粃其米六石一

斗五升八合九勺九抄九撮九圭

九粟九粒九黍九糲一糠一粃

除減每畝實徵原科米八升三合四勺六抄五圭三粟四粒

一黍六粃其米二十石五斗九升

五合五勺五抄六撮五糠一粃

前冊核定實該地二百一十九頃六十三畝九分四釐九毫二絲

每畝該徵原科米一斗五升八合六勺八抄六撮九粟九粒九
黍九粞八糠八粃共米三千四百
八十五石三斗七升三合四勺三
抄九撮一圭一粟九粒七黍六粞
三糠三粃

今每畝減徵米三升七合四勺三抄七撮九圭七粟五粒
八黍六粞二糠七粃共米八百二
十二石二斗八升五合七勺九抄
九撮九圭九粟九粒一黍六粞九

糠

除減每畝實徵原科米一斗二升一合二勺四抄八撮一圭

二粟四粒一黍三穲六糠一粃其

米二千六百六十三石八升七合

六勺三抄九撮一圭二粟五黍九

穲四糠三粃

前冊核定實該蕩地九頃五十八畝五分九釐

每畝該徵原科米三升九合四勺二抄五撮九粟九粒三黍六

穲四糠七粃其米三十七石七斗

九升二合五勺六撮七糠八粃

今每畝減徵米三合七勺九抄三撮五圭九粟二粒六黍

七粞二糠九粃共米三石六斗三
升六合五勺三黍一粞五糠二粃
除減每畝實徵原科米三升五合六勺三抄一撮五圭六粒
六黍九粞一糠八粃共米三十四
石一斗五升六合五撮九圭九粟
九粒六黍九粞二糠六粃
前冊核定實該蕩灘二百五十一頃六十畝四分三釐一毫六絲
每畝該徵原科米四升七合九勺一撮一圭四粟一粒四黍九
糠七粃共米一千二百五石二斗
一升三合三勺九抄二撮六黍八
粞四糠四粃

今每畝減徵米四合五勺九抄二撮三圭八粟九粒四黍二糲四糠七粃其米二百一十五石五斗四升六合五勺七黍二糲七糠七粃

除減每畝實徵原科米四升三合三勺八撮七圭五粟一粒九黍八糲五糠其米一千八十九石六斗六升六合八勺九抄一撮九圭九粟九粒九黍五糲六糠七粃

以上田地蕩灘九則共該徵原科米一十萬三千五百四十石三斗七升三合九勺六抄

一撮九圭九粟七粒八黍五粞三
糠六粃
今共減徵米二萬八千五百九十三石二斗四
升七合一勺九抄九撮九圭七粟
五粒五黍三粞九糠尾爲二勺 (淸賦案內包奏銷冊內亦以二勺造報)
以該縣實徵本色漕米八萬五千九百二
十二石三斗八升六合計算減去
十分中之三分三釐二毫七絲七
忽零
除減仍應共徵原科米七萬四千九百四十七石

一斗二升六合七勺六抄二撮二
粟二粒三黍一粞四糠六粃
又該派加改漕春耗米二十七石一斗五升六合
按改漕春耗米石係加派之欵應按各則
原科米數勻派加徵
未減以前通共應徵原科併派加等米一十萬三千五
百六十七石五斗二升九合九勺
六抄一撮九圭九粟七粒八黍五
粞三糠六粃除減徵外
今應共徵米七萬四千九百七十四石二斗八升二
合七勺六抄二撮二粟二粒三黍

一粞四糠六粃

按前項米石包尾該米七萬四千九百七十四石二斗八升二合八勺內除折徵灰石等米三千九百三十九石九合二勺外該徵漕南本色米七萬一千三十五石二斗七升三合六勺

遇閏加徵月糧米無

按該縣如遇閏年並無加徵月糧應於原徵本色米內扣除續減灰石米三十石九斗二升三合二勺外實

該徵漕南本色米七萬一千四石
三斗五升四勺

無閏之年
除減仍應共徵本折米七萬四千九百七十四石二斗八升
二合八勺內除
兌改折徵灰石米一千五百九十一石三斗一升三合
一勺
行糧減存米九百五十三石三斗六升一合五勺
經費折徵米二百八十八石九升九合八勺
零積餘并孤貧口糧米一千一百六石三斗三升四合
八勺

共米三千九百三十九石九合二勺均改米徵銀

外

實應徵漕南本色米七萬一千三十五石二斗七升三合六

勺內再除

原白改糙南米六百三十石

原白項下夫船耗米四十八石八斗六升

原糙南米一萬二千九十三石五斗九升四合一勺

原糙項下夫船耗米七百二十五石六斗一升六合

升科米二百八石六升四合七勺

共米一萬三千七百六石一斗三升四合八勺均

不議減外

除减實徵漕白改漕行食米五萬七千三百二十九石一
斗三升八合八勺內
正兌正米三萬一千三百八十四石四斗三升四合二
勺
按前欵原徵米五萬一十五石三斗八升
五合今减米一萬八千六百三十
石九斗五升八勺外尚應徵米前
數
正兌耗米一萬二千五百五十三石七斗七升三合七
勺
按前欵原徵米二萬六石一斗五升四合

今減米七千四百五十二石三斗
八升三勺外尚應徵米前數
改兌正米二千五百八十七石一斗
耗米一千三十四百八斗四升
按前項正耗米石照章不減仍照原數科
徵
改漕正米二千四百五十二石五升三合八勺
按前欵原徵米三千九百八石六斗五升
七合六勺今減米一千四百五十
六石六斗三合八勺外尚應徵米
前數

改漕耗米九百八十石八斗二升一合五勺

按前欵原徵米一千五百六十三石四斗六升三合一勺今減米五百八十二石六斗四升一合六勺外尚應徵米前數

白糧正米三千二百一十五石二升五合

耗米一千四百四十六石七斗六升一合三勺

按前項正耗米石照章不減仍照原數科徵

行糧本色米七百九十二石三斗二升九合三勺

按前欵原徵米一千二百六十三石今減

米四百七十石六斗七升七勺外
尚應徵米前數
經費食本色米八百八十二石
按前欵照章不減仍照原數科徵
有閏之年
除減仍應其徵本折米七萬四千九百七十四石二斗八升
二合八勺內除
兌改折徵灰石米一千六百二十二石一斗三升六合
三勺
行糧減存米九百五十三石三斗六升一合五勺
經費折徵米二百八十八石九升九合八勺

零積餘并孤貧口糧米一千一百六石三斗三升四合八勺

共米三千九百六十九石九斗三升二合四勺均

改米徵銀外

實應徵漕南本色米七萬一千四石三斗五升四勺內再除

原白改糙南米六百三十石

原白項下夫船耗米四十八石八斗六升

原糙南米一萬二千九十三石五斗九升四合一勺

原糙項下夫船耗米七百二十五石六斗一升六合

升科米二百八石六升四合七勺

共米一萬三千七百六石一斗三升四合八勺均

不議減外

除減實徵漕白改漕行食米五萬七千二百九十八石二斗一升五合六勺内

正兌正米三萬一千三百六十三石四斗三升二合二勺

按前欵原徵米四萬九千九百九十四石三斗八升三合今減米一萬八千六百三十石九斗五升八勺外尚應徵米前數

正兌耗米一萬二千五百四十五石三斗七升二合九勺

按前欵原徵米一萬九千九百九十七石
七斗五升三合二勺今減米七千
四百五十二石三斗八升三勺外
尚應徵米前數
改兌正米二千五百八十六石一升四合
耗米一千三十四石四斗五合六勺
按前項正耗米石照章不減仍照原數科
徵
改漕正米二千四百五十二石五升三合八勺
按前欵原徵米三千九百八石六斗五升
七合六勺今減米一千四百五十

六石六斗三合八勺外尚應徵米

前數

改漕耗米九百八十石八斗二升一合五勺

按前欵原徵米一千五百六十三石四斗六升三合一勺今減米五百八十二石六斗四升一合六勺外尚應

徵米前數

白糧正米三千二百一十五石二升五合

耗米一千四百四十六石七斗六升一合三勺

按前項正耗米石照章不減仍照原數科

徵

行糧本色米七百九十二石三斗二升九合三勺

按前欵原徵米一千二百六十三石今減

米四百七十石六斗七升七勺外

尚應徵米前數

經費食本色米八百八十二石

按前項米石照章不減仍照原數科徵

嘉善縣

前冊核定實該田五千九百四頃三十二畝一釐二毫

每畝該徵原科米一斗九升三合五勺七抄四撮六粟五粒六
黍八粞二糠八粃共米一十一萬
四千二百九十二石三斗二升五
合七抄二撮八粟五粒一黍九粞
三粃

今每畝減徵米五升六合九勺九抄九撮九圭一粟三粒
九黍八粞八糠五粃共米三萬三
千六百五十四石五斗七升三合
九勺二粟六粒四黍三粞二糠四

粃
按清賦局原派減米係照實徵本色漕米
以整數分等核減不以原科米數
計算今一則其減米數悉照清賦
局原定間有必須更正之處均於
各則登註原委備攷
除減每畝實徵原科米一斗三升六合五勺七抄四撮一圭
五粟一粒六黍九糒四糠三粃共
米八萬六百三十七石七斗五升
一合一勺七抄二撮五粟八粒七
黍五糒七糠九粃

前冊核定實該地一百八頃八十四畝八分三釐五毫
每畝該徵原科米一斗九升三合五勺二抄五撮一圭一粟共
米二千一百六石四斗八升八合
八勺九抄七圭六粒八黍五糲
今每畝減徵米五升六合九勺九抄九撮九圭一粟七粒
七黍七糲五糠五粃共米六百二
十石四斗三升四合六勺九抄九
撮九圭九粟九粒八黍八糲四糠
五粃
除減每畝實徵原科米一斗三升六合五勺二抄五撮一圭
九粟二粒二黍二糲四糠五粃共

米一千四百八十六石五升四合
一勺九抄七圭六粒九黍六粞五
糠五粃

前冊核定實該蕩灘涇濱合爲一則共二百五十六頃五十六畝
七分二毫

每畝該徵原科米五升一合一勺五抄二撮四粟二黍九粃共
米一千三百一十二石三斗九升
二合六勺五抄二撮一圭二粟六
粒五黍一粞一糠四粃

今每畝減徵米五合九抄九撮九圭九粟二粒九黍七粞
六糠五粃共米一百三十石八斗

四升九合一忝五粞三糠五粃

除減每畝實徵原科米四升六合五抄二撮四粟七粒二忝
二粞四糠四粃共米一千一百八
十一石五斗四升三合六勺五抄
二撮一圭二粟六粒三忝五粞七
糠九粃

以上田地蕩三則共該徵原科米一十一萬七千七百一十
一石二斗六合六勺一抄四撮九
圭一粟八粒五忝五粞一糠七粃

今共減徵米三萬四千四百五石八斗五升七
合六勺二粟六粒四忝七粞四粃

清賦案内截尾列六勺
奏銷冊内亦以六勺造報
以該縣實徵本色漕米九萬七千七百一
石四斗四升四勺計算減去十分
中之三分五釐二毫一絲五忽零
除減仍應共徵原科米八萬三千三百五石三斗
四升九合一抄四撮八圭九粟二
粒八粞一糠三粃
又該派加人丁米一百五十三石九斗一升
九合七抄六撮三圭一粟
又該派加課口米九十六石九斗九升七合
七勺八抄二撮六圭八粟二粒四

黍

按該縣人丁課口全書開載按田加派

應於纂造由單時各按田則原科

米數勻派加徵至應減之米已於

原科米內統扣是以前項人丁課

口米石仍各照原數編徵

又該派加攽漕舂耗米二十四石六斗七合

五勺

按攽漕舂耗米石係加派之欵應照各

則原科米數勻派加徵

未減以前通共應徵原科并派加等米一十一萬七

千九百八十六石七斗三升九勺
七抄三撮九圭一粟九黍五糲一
糠七粃除減徵外

今應共徵米八萬三千五百八十石八斗七升
三合三勺七抄三撮八圭八粟四
粒四黍八糲一糠三粃

按前項米石包尾該米八萬三千五百
八十石八斗七升三合四勺內除
折徵灰石等米三千二十一石九
斗四升六合八勺外該徵漕南本
色米八萬五百五十八石九斗二

升六合六勺

遇閏加徵月糧本折米七十四石八斗

按前項閏米除折徵米一石六斗一升一合一勺外應徵本色米七十三石一斗八升八合九勺連原徵共該米八萬六百三十二石一斗一升五合五勺內除續減灰石米二十四石七斗七升六合外實該徵連閏漕南本色米八萬五百九十七石三斗三升九合五勺

無閏之年

除減仍應其徵本折米八萬三千五百八十石八斗七升三
合四勺內除
兌改折徵灰石米一千七百八十一石九斗二升七合
行糧減存米七百五十九石五斗四升六合九勺
月糧折徵米一十八石三斗五升七合八勺
經費折徵米二百八十八石四升二合
零積餘米三十石七升三合一勺
孤貧口糧米一百四十四石
共米三千二十一石九斗四升六合八勺均改米
徵銀外
實應徵漕南本色米八萬五百五十八石九斗二升六合

六勺丙再除
原白改糙南米七百六十石七斗二升五合
原白項下夫船耗米五十八石九斗九升八合五勺
原糙南米一萬五千四百八十四石八斗七升九合
原糙項下夫船耗米九百五十八石七斗四升一合三
勺
其米一萬七千二百六十三石三斗四升三合八
勺均不議減外
除減實徵漕白改漕行月食米六萬三千二百九十五石
五斗八升二合八勺丙
正兑正米三萬三千七百五十六石五斗六升二合六

勺

按前欵原徵米五萬五千七百九十六石四斗九升六合五勺今減米二萬二千三十九石九斗三升三合九勺外尚應徵米前數

正兌耗米一萬三千五百二石六斗二升五合

按前欵原徵米二萬二千三百一十八石五斗九升八合五勺今減米八千八百一十五石九斗七升三合五勺外尚應徵米前數

改兌正米三千一百一十五石六斗八升

耗米一千二百四十六石二斗七升二合

按前項正耗米石照章不減仍照原數

科徵

改漕正米二千七百二十九石四斗九升四合三勺

按前欵原徵米四千五百一十二石八

斗四升六合八勺今減米一千七

百八十三石三斗五升二合五勺

外尚應徵米前數

改漕耗米二千九十一石七斗九升七合七勺

按前欵原徵米一千八百五石一斗三

升八合七勺今減米七百一十三

石三斗四升一合外尚應徵米前
數
白糧正米三千七百四十六石三斗六升二合四勺
耗米一千六百八十五石八斗六升三合一勺
按前項正耗米石照章不減仍照原數
科徵
行糧本色米一千三十六石六升九合七勺
按前欵原徵米一千七百一十三石今
減米六百七十六石九斗三升三
勺外尚應徵米前數
月糧本色米五百二石八斗五升六合

按前欵原徵米八百七十九石一斗八升二合四勺今減米三百七十六石三斗二升六合四勺外尚應徵米前數

經費食本色米八百八十二石

按前項米石照章不減仍照原數科徵

有閏之年

除減仍應共徵本折米八萬三千六百五十五石六斗七升三合四勺內除

兌改折徵灰石米一千八百一十六石七斗三合

行糧減存米七百五十九石五斗四升六合九勺

月糧折徵米一十九石九斗六升八合九勺

經費折徵米二百八十八石四升二合

零積餘米三十石七升三合一勺

孤貧口糧米一百四十四石

共米三千五十八石三斗三升三合九勺均改米

徵銀外

實應徵漕南本色米八萬五百九十七石三斗三升九合

五勺內再除

原白改糙南米七百六十石七斗二升五合

原白項下夫船耗米五十八石九斗九升八合五勺

原糙南米一萬五千四百八十四石八斗七升九合

原糙項下夫船耗米九百五十八石七斗四升一合三
勺
共米一萬七千二百六十三石三斗四升三合八
勺均不議減外
除減實徵漕白改漕行月食米六萬三千三百三十三石
九斗九升五合七勺內
正兌正米二萬三千七百三十三石二升六合六勺
按前欵原徵米五萬五千七百七十二
石九斗六升五勺今減米二萬二
千三十九石九斗三升三合九勺
外尚應徵米前數

正兌耗米一萬三千四百九十三石二斗一升六勺

按前欵原徵米二萬二千三百九石一斗八升四合一勺今減米八千八百一十五石九斗七升三合五勺

外尚應徵米前數

改兌正米三千一百一十四石三斗七升六合

耗米一千二百四十五石七斗五升四勺

按前項正耗米石照章不減仍照原數

科徵

改漕正米二千七百二十九石四斗九升四合三勺

按前欵原徵米四千五百一十二石八

斗四升六合八勺今減米一千七
百八十三石三斗五升二合五勺
外尚應徵米前數
改漕耗米一千九十一石七斗九升七合七勺
按前欵原徵米一千八百五石一斗三
升八合七勺今減米七百一十三
石三斗四升一合外尚應徵米前
數
白糧正米三千七百四十六石三斗六升二合四勺
耗米一千六百八十五石八斗六升三合一勺
按前項正耗米石照章不減仍照原數

科徵

行糧本色米一千三十六石六升九合七勺

按前歘原徵米一千七百一十三石今減米六百七十六石九斗三升三勺外尚應徵米前數

月糧本色米五百七十六石四升四合九勺

按前歘原徵米九百五十二石三斗七升一合三勺今減米三百七十六石三斗三升六合四勺外尚應徵米前數

經費食本色米八百八十二石

接前項米石照章不減仍照原數科徵

海鹽縣

前冊核定實該田五千二百四十八頃一十六畝八分三釐七毫

五絲

每畝該徵原科米一斗七合三勺一抄二撮二圭三粟八粒七

糠六糠六粃共米五萬六千三百

一十九石二斗六升九合四勺一

抄二撮四圭八粒二黍九糠四糠

七粃

今每畝減徵米一升九合九勺九抄九撮九圭五粟六粒

五糠四糠六粃共米一萬四百九

十六石三斗一升三合六勺八抄

六撮七圭一粟四粒一黍五粞九

糠三粃

按清賦局原派減米係照實徵本色漕米

以整數分等核減不以原科米數

計算今一則其減米數悉照清賦

局原定間有必須更正之處均於

各則登註原委備攷

除減每畝實徵原科米八升七合三勺一抄三撮三圭八粟

三粒二粞二糠共米四萬五千八

百二十二石九斗五升五合七勺

二抄五撮六圭九粟四粒一黍三

栖五糠四粃

前册核定實該地七百五十九頃四十七畝四分五釐七毫五絲

四忽

每畝該徵原科米一斗七合三勺一抄二撮二圭三粟八粒七

栖六糠六粃共米八千一百五十

石九升一合六勺四抄四撮八圭

四粟四粒九黍四糏九糠八粃

今每畝減徵米一升九合九勺九抄九撮九圭五粟六粒

五栖四糠六粃共米一千五百一

十八石九斗四升五合八勺一抄

三撮二圭五粟八粒五黍九栖九

糠四粃

除減每畝實徵原科米八升七合三勺一抄三撮二圭八粟二粒二粞二糠共米六千六百三十一石一斗四升五合八勺三抄一撮五圭八粟六粒三黍五粞四粃

前冊核定實該山一百七十五頃九十三畝二釐九毫九絲三忽每畝該徵原科米五升一合七勺九撮五圭共米九百九石七斗二升六合七勺八抄一撮一圭六粟五粒三黍三粞五糠

今每畝減徵米五合九抄九撮九圭七粒一黍七粞二糠

六粃其米八十九石七斗二升二
合八勺一抄九撮五圭二粟七粒
七黍七糝三穅五粃
按該縣山蕩兩則同一科則減數未便參
差清出蕩叉與蕩灘等併則開報
今已核實釐剔科減均匀分別更
正以致其減米數核與清賦局原
定減數稍有未符
除減每畝實徵原科米四升六合六勺九撮五圭九粟二粒
八黍二糝七穅四粃共米八百二
十石三合九勺六抄一撮六圭三

粟七粒五黍六粞一糠五粃

前冊核定實該蕩灘浜池漊水面一百六十二頃一十畝三分一

釐八絲三忽

每畝該徵原科米五升一合七勺九撮五圭共米八百三十八

石二斗二升七合六抄七撮八圭

六粟三粒八黍八粞五糠

今每畝減徵米五合九抄九撮九圭七粒一黍七粞二糠

六粃共米八十二石六斗七升一

合八抄四圭七粟一粒九黍九粞

二糠五粃

除減每畝實徵原科米四升六合一勺九撮五圭九粟二粒

八黍二粞七糠四粃其米七百五
十五石五斗五升五合九勺八抄
七撮三圭九粟一粒八黍九粞二
糠五粃

前冊核定實該清出蕩二十四畝八分三釐
每畝該徵原科米五升二合八勺二抄其米一石三斗一升一
合五勺二抄六圭
今每畝減徵米五合二勺一抄一撮四圭三粟七粒七黍
七粞六糠九粃其米一斗二升九
合四勺四粃
除減每該實徵原科米四升七合六勺八撮五圭六粟三粒

二黍二粞三糠一粃共米一石一
斗八升二合一勺二抄五圭九粟
九粒九黍九粞九糠六粃
以上田地山蕩灘浜池漤水面等五則共該徵原科米
六萬六千二百一十八石六斗二
升六合四勺二抄六撮八圭八粟
二粒四黍六粞四糠五粃
今共減徵米一萬二千一百八十七石七斗八
升二合七勺九抄九撮九圭七粟
二粒五黍二粞五糠一粃清賦案內包尾為八勺 奏銷冊內亦以八勺造報

以該縣實徵本色漕米五萬四千六百五
十七石九斗七升四合九勺計算
減去十分中之三分二釐二毫九
絲八忽零
除減仍應共徵原科米五萬四千三十石八斗四
升三合六勺二抄六撮九圭九粒
九黍三粞九糠四粃
又該派加人丁米二百四十一石九斗四升六合
七勺五抄九圭八粒二黍三粞四
糠二粃
按該縣人丁省志開載按田地加派應於

簒造由單時按田地兩則原科米
數勻派加徵至應減之米已於原
科米內統扣是以前項丁米仍照
原數編徵
又該派加改漕舂耗米一十八石九斗八升二合
七勺
按改漕舂耗米石係加派之欵應照各則
原科米數勻派加徵
未減以前通共應徵原科并派加等米六萬六千四
百七十九石五斗五升五合八勺
七抄七撮七圭九粟六黍九糲八

糠七粃除減徵外

今應共徵米五萬四千二百九十一石七斗七升三合七抄七撮八圭一粟八粒一黍七稻三糠六粃

按前項米石包尾該米五萬四千二百九十一石七斗七升三合一勺內除折徵灰石等米二千二百二十八石三斗七升五勺外該徵漕南本色米五萬二千六十三石四斗二合六勺

遇閏加徵墩夫口糧本色米三十一石二斗

按前項閏米係南米項下之欵統應徵收本色連原徵共該米五萬二千九十四石六斗二合六勺內除續減灰石米一十九石六斗二升八合外實該徵連閏漕南本色米五萬二千七十四石九斗七升四合六勺

無閏之年

除減仍應共徵本折米五萬四千二百九十一石七斗七升三合一勺內除

兌改折徵灰石米一千七石三斗七升

行糧減存米五百三十一石三斗九升三合
經費折徵米二百五石八斗
零積餘米五十石八斗七合五勺
孤貧口糧米四百三十一石
共米二千二百二十八石三斗七升五勺均改米

徵銀外

實應徵漕南本色米五萬二千六十三石四斗二合六勺

内再除

原白改糙南米三百八十五石八斗七升五合
原白項下夫船耗米二十九石九斗二升六合八勺
原糙南米七千八百四石七合四勺

原糙項下夫船耗米四百九十四石三斗七升八合一

勺

墩夫口糧米四百八十九石六斗

升科米三百八十九石四斗二升三合二勺

共米九千五百九十三石二斗一升五勺均不議

減外

除減實徵漕白改漕行食米四萬二千四百七十石一斗

九升二合一勺內

正兌正米二萬三千七百九十五石一斗六升八合一

勺

按前欵原徵米三萬一千七百一十四石

七斗八升今減米七千九百一十
九石六斗一升一合九勺外尚應
徵米前數
正兌耗米九千五百一十八石六升七合二勺
按前欵原徵米一萬二千六百八十五石
九斗一升二合今減米三千一百
六十七石八斗四升四合八勺外
尚應徵米前數
改兌正米一千五百八十八石六斗七升
耗米六百三十五石四斗六升八合
按前項正耗米石照章不減仍照原數科

徵

改漕正米一千八百九十二石三斗三升六勺

按前欵原徵米二千五百二十二石四斗

九升八合今減米六百三十石一

斗六升七合四勺外尙應徵米前

數

改漕耗米七百五十六石九斗三升二合三勺

按前欵原徵米一千八石九斗九升九合

二勺今減米二百五十二石六升

六合九勺外尙應徵米前數

白糧正米二千六十八石三升二合九勺

耗米九百三十石六斗一升四合八勺
按前項正耗米石照章不減仍照原數科
徵
行糧本色米六百五十四石九斗八合二勺
按前欵原徵米八百七十三石今減米二
百一十八石九升一合八勺外尚
應徵米前數
經費食本色米六百三十石
按前欵照章不減仍照原數科徵
有閏之年
除減仍應其徵本折米五萬四千三百二十二石九斗七升

三合一勺內除

兌改折徵灰石米一千二十六石九斗九升八合

行糧減存米五百三十二石三斗九升三合

經費折徵米二百五石八斗

零積餘米五十石八斗七合五勺

孤貧口糧米四百三十二石

共米二千二百四十七石九斗九升八合五勺均

改米徵銀外

實應徵漕南本色米五萬二千七十四石九斗七升四合

六勺內再除

原白改糙南米三百八十五石八斗七升五合

原白項下夫船耗米二十九石九斗二升六合八勺

原糙南米七千八百四石七合四勺

原糙項下夫船耗米四百九十四石三斗七升八合一

勺

墩夫口糧米五百二十石八斗

升科米三百八十九石四斗二升三合二勺

共米九千六百二十四石四斗一升五勺均不議

減外

除減實徵漕白改漕行食米四萬二千四百五十石五斗

六升四合一勺內

正兌正米二萬三千七百八十一石八斗一升二合一

勺

按前欵原徵米三萬一千七百一石四斗二升四合今減米七千九百一十九石六斗一升一合九勺外尙應徵米前數

正兌耗米九千五百一十三石七斗二升四合八勺

按前欵原徵米一萬二千六百八十石五斗六升九合六勺今減米三千一百六十七石八斗四升四合八勺外尙應徵米前數

改兌正米一千五百八十八石六合

耗米六百三十五石二斗二合四勺

按前項正耗米石照章不減仍照原數科

徵

改漕正米一千八百九十二石三斗三升六勺

按前欵原徵米二千五百二十二石四斗

九升八合今減米六百三十石一

斗六升七合四勺外尚應徵米前

數

改漕耗米七百五十六石九斗三升二合三勺

按前欵原徵米一千八石九斗九升九合

二勺今減米二百五十二石六升

六合九勺外尚應徵米前數

白糧正米二千六十八石三升二合九勺

耗米九百三十石六斗一升四合八勺

按前項正耗米石照章不減仍照原數科

徵

行糧本色米六百五十四石九斗八合二勺

按前欵原徵米八百七十三石今減米二

百一十八石九升一合八勺外尚

應徵米前數

經費食本色米六百三十石

按前欵照章不減仍照原數科徵

平湖縣

前册核定實該實辦田四千四百三十頃六十一畝三分二毫

每畝該徵原科米一斗四升三勺七抄三撮三圭其米六萬二千一百九十三石九斗七升七合六抄四撮三粟六粒六黍

今每畝減徵米三升五合一抄六撮四圭六粟三粒二糯六糠六粃其米一萬五千五百一十四石四斗三升九合七勺二黍五糯六糠六粃

按清賦局原沠減米係照實徵本色漕米以整數分等核減不以原科米數

計算今一則其減米數悉照清賦局原定間有必須更正之處均於各則登註原委備攷

除減每畝實徵原科米一斗五合三勺五抄六撮八圭三粟六粒九黍七粞三糠四粃共米四萬六千六百七十九石五斗三升七合三勺六抄四撮三粟六粒三黍四粞三糠四粃

前冊核定實該陸景賢田一十頃七十畝五分一釐三毫

每畝該徵原科米九升四合五勺三抄一撮其米一百一石一斗九升六合六勺六抄四撮四圭

三粒

今每畝減徵米一升七合四勺九抄四撮六圭三粒五粞四糠八粃其米一十八石七斗二升八合二勺三糠一粃

除減每畝實徵原科米七升七合三抄六撮三圭九粟六粒九黍四粞五糠二粃其米八十二石四斗六升八合四勺六抄四撮四圭二粒九黍九粞六糠九粃

前册核定實該淸出實辦田七畝八釐八毫

每畝該徵原科米一斗四升三合三勺四抄四撮一圭其米一石一升六合二抄二撮九圭八粟

八黍

今每畝減徵米三升五合七勺五抄五圭六粟四粒三黍三粞四糠一粃其米二斗五升三合四勺一粃

除減每畝實徵原科米一斗七合五勺九抄三撮五圭三粟五粒六黍六粞五糠九粃其米七斗六升二合六勺二抄二撮九圭八粟七黍九粞九糠九粃

前冊核定實該東區高阜地六百六十八頃二十八畝四分七釐一毫九絲

每畝該徵原科米七升二合二勺七抄其米四千八百二十九

石六斗九升三合六勺六抄四撮
二圭一粟三粒
今每畝減徵米一升四勺九抄三撮四圭三粟七粒六黍
三糠二粃共米七百一石二斗六
升三勺九抄九撮九圭九粟九粒
八黍五糲四糠六粃
除減每畝實徵原科米六升一合七勺七抄六撮五圭六粟
二粒三黍九糲六糠八粃共米四
千一百二十八石四斗三升三合
二勺六抄四撮二圭一粟三粒一
黍四糲五糠四粃

前冊核定實該西區高阜地一百五十六頃四十七畝四分三釐一毫二絲

每畝該徵原科米九升六合四勺九抄八撮共米一千五百九石九斗四升五合八勺一抄五撮九圭三粟七粒六黍

今每畝減徵米一升七合九勺八抄一撮四圭七粟五粒四黍五稷一糠四粃共米二百八十一石三斗六升三合九勺二黍七糲四粃

除減每畝實徵原科米七升八合五勺一抄六撮五圭二粟四粒五黍四糲八糠六粃共米一

千二百二十八石五斗八升一合
九勺一抄五撮九圭三粟七粒三
黍二糲九糠六粃
前冊核定實該山蕩五十三頃四畝六分六釐四毫
每畝該徵原科米二升八合九勺一抄九撮八圭共米一百五
十三石四斗九合八勺二抄一撮
九圭四粟七粒二黍
今每畝減徵米二合二勺八抄八撮八圭三粟四粒八黍
八糲一糠九粃共米一十二石一
斗四升一合四勺九抄九撮九圭
九粟九粒九黍五糲九糠二粃

除減每畝實徵原科米二升六合六勺三抄九圭六粟五
粒一黍一粞八糠一粃共米一百
四十一石二斗六升八合三勺二
抄一撮九圭四粟七粒二黍四粞
八粃

前冊核定實該淸出山蕩五十二畝六分七釐七毫
每畝該徵原科米二升九合五勺三抄二撮七圭共米一石五
斗五升五合六勺九抄四撮三粟
七粒九黍
今每畝減徵米二合三勺三抄八撮七圭八粟一粒六黍
三粞一糠五粃共米一斗二升三

合二勺二糠五粃

除減每畝實徵原科米二升七合一勺九抄三撮九圭一粟

八粒三黍六粞八糠五粃共米一

石四斗三升二合四勺九抄四撮

三粟七粒八黍九粞七糠五粃

前冊核定實該熟蕩四十二頃七十二畝三分四釐四毫

每畝該徵原科米四升三合三勺八抄共米一百八十五石三

斗三升四合二勺八抄三撮七圭

二粟

今每畝減徵米三合四勺三抄三撮二圭八粟一粒二黍

五粞九糠共米一十四石六斗六

升八合一勺五抄八撮五圭八粟

七粒二黍一糠一粃

除減每畝實徵原科米三升九合九勺四抄六撮七圭一粟

八粒七黍四粞一糠共米一百七

十石六斗六升六合一勺二抄四

撮一圭三粟二粒七黍九粞八糠

九粃

前冊核定實該新陞熟蕩五畝五分一釐七毫

每畝該徵原科米四升三合三勺八抄其米二斗三升九合三

勺二抄七撮四圭六粟

今每畝減徵米三合四勺三抄三撮二圭八粟一粒二黍

五粞九糠共米一升八合九勺四
抄一撮四圭一粟二粒七黍五糠
九粃
除減每畝實徵原科米三升九合九勺四抄六撮七圭一粟
八粒七黍四粞一糠共米二斗二
升三勺八抄六撮四粟七粒二黍
九粞四糠一粃
以上田地山蕩九則其該徵原科米六萬八千九百七
十六石三斗六升八合三勺五抄
七撮七圭三粟六粒一黍
今共減徵米一萬六千五百四十二石九斗九

升七合四勺二黍五粞三糠五粃
清賦案內截尾列四勺
奏銷冊內亦以四勺造報
以該縣實徵本色漕米五萬六千九百二
十三石一斗七升計算減去十分
中之二分九釐六絲一忽零
除減仍應共徵原科米五萬二千四百三十三石
三斗七升九勺五抄七撮七圭三
粟五粒八黍四粞六糠五粃
又該泒加人丁米四百七十一石四斗四升九合
五勺五抄九撮一圭四粟四黍七
粞六糠七粃

按該縣人丁全書開載按田地加泒應於
纂造由單時按田地兩則原科米
數勻泒加徵至應減之米已於原
科米內統扣是以前項丁米仍照
原數編徵
又該泒加改漕春耗米二十一石七斗一升九合
二勺五抄
按改漕春耗米石係加泒之欵應照各則
原科米數勻泒加徵
未減以前通共應徵原科併泒加等米六萬九千四
百六十九石五斗三升七合一勺

六抄六撮八圭七粟六粒五黍七
粞六糠七粃除減徵外
今應共徵米五萬二千九百二十六石五斗三
升九合七勺六抄六撮八圭七粟
六粒三黍二粞三糠二粃
按前項米石截尾該米五萬二千九百二
十六石五斗三升九合七勺內除
折徵灰石等米一千九百三石七
斗二升四合五勺外該徵漕南本
色米五萬一千二十二石八斗一
升五合二勺

遇閏加徵月糧本折米無

按該縣如遇閏年並無加徵月糧應於

原徵本色米內扣除續減灰石米

二十石四斗七升五合外實該徵

漕南本色米五萬一千二石三斗

四升二勺

無閏之年

除減仍應共徵本折米五萬二千九百二十六石五斗三升

九合七勺內除

兌改折徵灰石米一千四十八石四斗一升七勺

行糧減存米四百六十九石五斗六升九合八勺

經費折徵米一百六十四石二斗八升七合三勺
零積餘米七十七石四斗五升六合七勺
孤貧口糧米一百四十四石
共米一千九百三石七斗二升四合五勺均攺米
徵銀外
實應徵漕南本色米五萬一千二十二石八斗一升五合
二勺內再除
原白攺糙南米四百三石二斗
原白項下夫船耗米三十一石二斗七升四勺
原糙南米八千一十七石九斗六升三合六勺
原糙項下夫船耗米五百六石七斗七升九勺

升科米一千六百八十三石四斗三升七合七勺

共米一萬六百四十二石六斗四升二合六勺均

不議減外

除減實徵漕白改漕行食米四萬三百八十石一斗七升

二合六勺内

正兌正米二萬二千二百八十五石四斗二合四勺

按前欵原徵米三萬三千四百二斗四升

五合九勺今減米一萬七百一十

八石八斗四升三合五勺外倘應

徵米前數

正兌耗米八千九百一十四石一斗六升九勺

按前欵原徵米一萬三千二百一石六斗
九升八合三勺今減米四千二百
八十七石五斗三升七合四勺外
尙應徵米前數

攺兌正米一千六百五十七石一斗九升
耗米六百六十二石八斗七升六合
按前項正耗米石照章不減仍照原數科
徵

攺漕正米一千八百一石七斗一升一合四勺
按前欵原徵米二千六百六十八石八斗
四升一合五勺今減米八百六十

七石一斗三升一勺外尚應徵米
前數
改漕耗米七百二十石六斗八升四合六勺
按前欵原徵米一千六十七石五斗三升
六合六勺今減米三百四十六石
八斗五升二合外尚應徵米前數
白糧正米二千一百八十一石九斗一升八合四勺
耗米九百八十一石八斗六升三合三勺
按前項正耗米石照章不減仍照原數科
徵
行糧本色米六百七十石三斗六升五合六勺

按前欵原徵米九百九十三石今減米三
百二十二石六斗三升四合四勺
外尙應徵米前數
經費食本色米五百四石
按前項米石照章不減仍照原數科徵
有閏之年
除減仍應共徵本折米五萬二千九百二十六石五斗三升
九合七勺內除
兌改折徵灰石米一千六十八石八斗八升五合七勺
行糧減存米四百六十九石五斗六升九合八勺
經費折徵米一百六十四石二斗八升七合三勺

零積餘米七十七石四斗五升六合七勺
孤貧口糧米一百四十四石
共米一千九百二十四石一斗九升九合五勺均
改米徵銀外
實應徵漕南本色米五萬一千二石三斗四升二勺內再
除
原白改糙南米四百三石二斗
原白項下夫船耗米三十一石二斗七升四勺
原糙南米八千一十七石九斗六升三合六勺
原糙項下夫船耗米五百六石七斗七升九勺
升科米一千六百八十三石四斗三升七合七勺

其米一萬六百四十二石六斗四升二合六勺均
不議減外
除減實徵漕白改漕行食米四萬三百五十九石六斗九
升七合六勺內
正兌正米二萬二千二百七十一石四斗七升四勺
按前欵原徵米三萬二千九百九十石三
斗一升三合九勺今減米一萬七
百一十八石八斗四升三合五勺
外尚應徵米前數
正兌耗米八千九百八石五斗八升八合一勺
按前欵原徵米一萬三千一百九十六石

一斗二升五合五勺今減米四千
二百八十七石五斗三升七合四
勺外尚應徵米前數

改兌正米一千六百五十六石四斗九升七合
耗米六百六十二石五斗九升八合八勺
按前項正耗米石照章不減仍照原數科
徵

改漕正米一千八百一石七斗一升一合四勺
按前欵原徵米二千六百六十八石八斗
四升一合五勺今減米八百六十
七石一斗三升一勺外尚應徵米

前數

改漕耗米七百二十石六斗八升四合六勺

按前欵原徵米一千六十七石五斗三升

六合六勺今減米三百四十六石

八斗五升二合外尚應徵米前數

白糧正米二千一百八十一石九斗一升八合四勺

耗米九百八十一石八斗六升三合三勺

按前項正耗米石照章不減仍照原數科

徵

行糧本色米六百七十石三斗六升五合六勺

按前欵原徵米九百九十三石今減米三

百二十二石六斗三升四合四勺
外尚應徵米前數
經費食本色米五百四石
按前項米石照章不減仍照原數科徵

石門縣

前冊核定實該田二千九百二十八頃八十七畝七分八釐九毫

每畝該徵原科米一斗二升三合三勺八抄六撮五圭五粟九粒三黍七�四糠七粃共米三萬六千一百三十八石四斗一升六合五勺六抄七撮五圭八粟二粒四黍七稃七粃

今每畝減徵米一升九合八勺二抄六撮九圭五粟二粒六黍一糠三粃共米八千七百三十五石九斗五升二勺一粟一粒九黍二稃七粃

按清賦局原派減米係照實徵本色漕米以整數分等核減不以原科米數計算今該縣減米因清賦案內田地山蕩僅分四則開載今照全書分作七則編徵減數亦應按則派分以致各則減數均與清賦局原定稍有未符然通縣并計仍相脗合

除減每畝實徵原科米九升三合五勺五抄九撮六圭六粒七黍七糯三糠四粃共米二萬七千四百二石四斗六升六合三勺

六抄七撮五圭七粟五黍五粞

前冊核定實該清出田三十一畝八分四釐四毫

每畝該徵原科米一斗二升六合五勺三抄四撮九圭七粟七

黍五粞四糠二粃共米四石二升

九合三勺七抄九撮六圭八粒六

黍九粞六糠七粃

今每畝減徵米三升五勺八抄六撮六圭九粒七黍二粞

二糠四粃共米九斗七升四合

除減每畝實徵原科米九升五合九勺四抄八撮三圭六粟

一粒三粞一糠八粃共米三石五

升五合三勺七抄九撮六圭八粒

六黍九糲六糠七粃

前冊核定實該地二千七十頃八十六畝三分五釐二毫

每畝該徵原科米一斗二升三合二勺一抄四撮四圭八粟三

粒四黍八糲六糠一粃共米二萬

五千五百一十六石三升七合八

勺九抄八撮七圭八粒九黍八糲

六糠二粃

今每畝減徵米二升九合七勺八抄五撮三圭五粟五粒

四黍三糲四糠七粃共米六千一

百六十八石一斗四升六勺三粒

六黍九糲一糠七粃

除減每畝實徵原科米九升三合四勺二抄九撮一圭二粟
八粒五粞一糠四粃共米一萬九
千三百四十七石八斗九升七合
二勺九抄八撮七圭五粒二黍九
粞四糠五粃

前册核定實該告升地一十四畝六分一釐
每畝該徵原科米一斗二升七合四抄共米一石八斗五升六
合五抄四撮四圭

今每畝減徵米三升七勺一抄一撮八圭四粟一粒二黍
四糠七粃共米四斗四升八合七
勺七粃

除減每畝實徵原科米九升六合三勺二抄八撮一圭五粟八粒七黍九粞五糠三粃共米一石四斗七合三勺五抄四撮三圭九粟九粒九黍九粞九糠三粃

前冊核定實該清出地二十二畝九釐九毫七絲

每畝該徵原科米一斗二升九合七勺二抄三撮一圭九粒四黍三糠七粃共米二石八斗六升六合八勺四抄一撮八圭八黍八粞八糠九粃

今每畝減徵米三升一合三勺五抄七撮八圭九粟一粒七黍三粞六糠一粃共米六斗九

升三合二粃

除減每畝實徵原科米九升八合三勺六抄五撮二圭一粟

七粒六黍六粞七糠六粃共米二

石一斗七升三合八勺四抄一撮

八圭八黍八粞八糠七粃

前冊核定實該蕩灘二十三頃三十八畝八分八釐一毫

每畝該徵原科米五升三合五勺二抄六撮一圭三粟三粒八

粞一粃共米一百三十五石一斗

九升一合二勺五抄五撮六圭六

粟四粒五黍三粞七糠三粃

今每畝減徵米一升二合九勺三抄九撮一圭七粟九粒

三粞四糠八粃共米三十石二斗

六升三合二勺一黍一粞二糠

除減每畝實徵原科米四升五勺八抄六撮九圭五粟四粒

四粞五糠三粃共米九十四石九

斗二升八合五抄五撮六圭六粟

四粒四黍二粞五糠三粃

前冊核定實該淸出蕩三頃五十四畝八釐

每畝該徵原科米五升四合六勺四抄九圭五粟九粒五粞二

糠一粃共米一十九石三斗四升

七合二勺七抄七圭八粟一粒一

黍六粞七糠五粃

今每畝減徵米一升三合二勺八撮五圭九粟六粒九黍
二粞七糠二粃其米四石六斗七
升六合八勺九抄九撮九圭九粟
九粒九黍八粞二糠九粃
除減每畝實徵原科米四升一合四勺三抄二撮三圭六粟
二粒一黍二粞四糠九粃其米一
十四石六斗七升三勺七抄七圭
八粟一粒一黍八粞四糠六粃
以上田地蕩灘七則共該徵原科米六萬一千八百七
石七斗四升五合二勺六抄八撮
五圭四粟六粒七黍四粞七糠三

粃

今共減徵米一萬四千九百四十一石一斗四升六合六勺一粟五粒七黍八穲二粃清賦案內截尾刓六勺奏銷冊內亦以六勺造報

以該縣實徵本色漕米五萬一千七百四十二石七斗八升七勺計算減去十分中之二分八釐八毫七絲五忽零

除減仍應共徵原科米四萬六千八百六十六石五斗九升八合六勺六抄八撮五圭三粟一粒三粞九穲一粃

又該派加人丁米二百四十八石八斗七升三勺

五撮六圭三粟五粒六黍四粞六

糠

按該縣人丁全書開載按糧加派應於纂

造由單時按各則原科米數匀派

加徵至應減之米已於原科米内

統扣是以前項丁米仍照原數編

徵

又該派加改漕春耗米一十六石七升八合六勺

五抄

按改漕春耗米石係派加之欵應照各則

原科米數勻派加徵

未減以前通共應徵原科併派加等米六萬二千七十二石六斗九升四合二勺二抄四撮一圭八粟二粒三黍九糲三糠三粃除減徵外

今應共徵米四萬七千一百三十一石五斗四升七合六勺二抄四撮一圭六粟六粒六黍八糲五糠一粃

按前項米石截尾該米四萬七千一百三十一石五斗四升七合六勺內除

折徵灰石等米一千八百四十八

石五斗六升一合四勺外該徵漕
南本色米四萬五千二百八十二
石九斗八升六合二勺

遇閏加徵月糧本折米無
按該縣如遇閏年並無加徵月糧應於原
徵本色米內扣除續減灰石米一
十八石七斗一升三合八勺外實
該徵漕南本色米四萬五千二百
六十四石二斗七升二合四勺

無閏之年
除減仍應共徵本折米四萬七千一百三十一石五斗四升

七合六勺内除

兌改折徵灰石米九百六十二石七斗九升四合

行糧減存米五百九十一石六斗六升七合

經費折徵米一百六十四石六斗四升

零積餘米三十九石四斗六升四勺

孤貧口糧米九十石

其米一千八百四十八石五斗六升一合四勺均

改米徵銀外

實應徵漕南本色米四萬五千二百八十二石九斗八升六

合二勺内再除

原白改糙南米三百六十石七斗四合九勺

原白項下夫船耗米二十八石九升四合五勺

原糙南米七千五百三十五石二斗九升八合一勺

原糙項下夫船耗米四百八十六石五斗五升八勺

升科米七十一石七斗三合八勺

共米八千四百八十一石三斗五升二合一勺均

不議減外

除減實徵漕白改漕行食米三萬六千八百一石六斗三

升四合一勺內

正兌正米二萬五百八十一石八升一合六勺

按前欵原徵米三萬三百四十四石三斗

五升今減米九千七百六十三石

二斗六升八合四勺外尚應徵米
前數
正兌耗米八千二百三十二石四斗三升二合六勺
按前欵原徵米一萬二千一百三十七石
七斗四升今減米三千九百五石
三斗七合四勺外尚應徵米前數
改兌正米一千四百八十三石九斗四升
耗米五百九十三石五斗七升六合
按前項正耗米石照章不減仍照原數科
徵
改漕正米一千五百五十石二斗二升二合八勺

按前欵原徵米二千二百八十六石七升
四合二勺今減米七百二十五石
八斗五升一合四勺外尚應徵米
前數
改漕耗米六百二十石八升九合二勺
按前欵原徵米九百一十四石四斗二升
九合七勺今減米二百九十四石
三斗四升五勺外尚應徵米前數
白糧正米一千八百七十九石七斗七升三合
耗米八百四十五石八斗九升七合八勺
按前項正耗米石照章不減仍照原數科

徵

行糧本色米五百一十石六斗二升一合一勺

按前欵原徵米七百五十三石今減米二百四十二石三斗七升八合九勺

外尚應徵米前數

經費食本色米五百四石

按前項米石照章不減仍照原數科徵

有閏之年

除減仍應共徵本折米四萬七千一百三十二石五斗四升七合六勺內除

兌改折徵灰石米九百八十一石五斗七合八勺

行糧減存米五百九十一石六斗六升七合

經費折徵米一百六十四石六斗四升

零積餘米三十九石四斗六升四勺

孤貧口糧米九十石

共米一千八百六十七石二斗七升五合二勺均

攺米徵銀外

實應徵漕南本色米四萬五千二百六十四石二斗七升二

合四勺內再除

原白攺糙南米三百六十石七斗四合九勺

原白項下夫船耗米二十八石九升四合五勺

原糙南米七千五百三十五石二斗九升八合一勺

原糙項下夫船耗米四百八十六石五斗五升八勺

升科米七十石七斗三合八勺

共米八千四百八十一石三斗五升二合一勺均

不議減外

除減實徵漕白改漕行食米三萬六千七百八十二石九

斗二升三勺內

正兌正米二萬五百六十八石三斗四升六勺

按前欵原徵米三萬三百三十一石六斗

九合今減米九千七百六十三石

二斗六升八合四勺外尚應徵米

前數

正兌耗米八千二百二十七石三斗三升六合二勺

按前欵原徵米一萬二千一百三十二石六斗四升三合六勺今減米三千九百五石三斗七合四勺外尚應徵米前數

改兌正米一千四百八十三石三斗一升四合

耗米五百九十三石三斗二升五合六勺

按前項正耗米石照章不減仍照原數科徵

改漕正米一千五百五十石二斗二升二合八勺

按前欵原徵米二千二百八十六石七升

四合二勺今減米七百三十五石
八斗五升一合四勺外尚應徵米
前數
改漕耗米六百二十石八升九合二勺
按前欵原徵米九百一十四石四斗二升
九合七勺今減米二百九十四石
三斗四升五勺外尚應徵米前數
白糧正米一千八百七十九石七斗七升三合
耗米八百四十五石八斗九升七合八勺
按前項正耗米石照章不減仍照原數科
徵

行糧本色米五百一十石六斗二升一合一勺

按前欵原徵米七百五十三石今減米二百四十二石三斗七升八合九勺

外尚應徵米前數

經費食本色米五百四石

按前項米石照章不減仍照原數科徵

桐鄉縣

前冊核定實該田四千三百九頃七十八畝五分二釐四毫

每畝該徵原科米一斗一合六勺三抄七撮八圭一粟九粒五黍四粞三糠一粃共米四萬三千八百三石七斗一升七合四勺四抄九撮二圭五粟四粒九黍八粞九糠五粃

今每畝減徵米二升九圭一粒九黍四粞七糠五粃共米八千六百一十九石九斗五升九合一勺九抄九撮九圭九粟三粒六黍七粞二糠六粃

按清賦局原派減米係照實徵本色漕米以整數分等核減不以原科米數計算今一則共減米數悉照清賦局原定間有必須更正之處均於各則登註原委備攷

除減每畝實徵原科米八升一合六勺三抄六撮九圭一粟七粒五黍九粞五糠六粃共米三萬五千一百八十三石七斗五升八合二勺四抄九撮二圭六粟一粒三黍一粞六糠九粃

前冊核定實該地八百八十二頃七畝一分三釐六毫三絲二忽

每畝該徵原科米一斗一合六勺三抄八撮共米八千九百六
十五石一斗九升六合九勺二抄
一撮三圭九粟二粒一黍六粞
今每畝減徵米二升九圭二粒一黍二粞二糠一粃共米
一千七百六十四石二斗二升二
合三勺七粒五粞二糠
除減每畝實徵原科米八升一合六勺三抄七撮九粟七粒
八黍七粞七糠九粃共米七千二
百石九斗七升四合六勺二抄一
撮二圭八粟五粒一黍八糠
前冊核定實該山三頃七十九畝七分三釐

每畝該徵原科米五升三合七勺二抄二撮共米二十石三斗九
升九合八勺五抄五撮六粟

今每畝減徵米五合三勺三圭四粟四粒九黍八粞二糠
共米二石一升二合七勺一粞四
糠九粃

除減每畝實徵原科米四升八合四勺二抄一撮六圭五粟
五粒一粞八糠共米一十八石三
斗八升七合一勺五抄五撮五粟
九粒九黍八粞五糠一粃

前冊核定實該蕩一十二頃一十四畝七分三釐七絲
每畝該徵原科米五升四合一勺一抄五撮共米六十五石七

斗三升五合一勺五抄一撮八圭
三粟五黍
今每畝減徵米五合三勺二圭六粟九粒四黍三粞四糠
二粃共米六石四斗三升八合三
勺九抄九撮九圭九粟九粒九黍
九粞四糠四粃
除減每畝實徵原科米四升八合八勺一抄四撮七圭三粟
五黍六粞五糠八粃共米五十九
石二斗九升六合七勺五抄一撮
八圭三粟五黍五糠六粃

前册核定實該新升蕩地一頃二十七畝五分九釐六毫

每畝該徵原科米五升五合二勺四抄四撮共米七石四升八
合九勺一抄三撮四圭二粟四粒
今每畝減徵米八合九勺九抄九撮四圭九粟八粒四黍
一粞六糠九粃共米一石一斗四
升八合三勺二糠八粃
除減每畝實徵原科米四升六合二勺四抄四撮五圭一粒
五黍八粞三糠一粃共米五石九
斗六勺一抄三撮四圭二粟三粒
九黍九粞七糠二粃
以上田地山蕩五則共該徵原科米五萬二千八百六
十二石九升八合二勺九抄八圭

六粟一粒六黍四粞九糠五粃

今共減徵米一萬三百九十三石七斗八升九勺七黍三粞六糠七粃清賦案內包尾爲九勺奏銷冊內亦以九勺造報

以該縣實徵本色漕米四萬三千九百八十四石三斗二升一合計算減去十分中之二分三釐六毫三絲零

除減仍應共徵原科米四萬二千四百六十八石三斗一升七合三勺九抄八圭六粟九黍一粞二糠八粃

又該派加人丁米一百七十四石五斗四升九合四

勺九抄六撮八圭五粟一粒二黍

五粞五粃

按該縣人丁全書開載按田地加泒應於

纂造由單時按田地兩則原科米

數勻泒加徵至應減之米已於原

科米內統扣是以前項丁米仍照

原數編徵

又該派加改漕舂耗米一十三石五斗一升九

合九勺

按改漕舂耗米石係派加之欵應照各則

原科米數勻派加徵

未減以前通共應徵原科并派加等米五萬三千五十
石一斗六升七合六勺八抄七撮
七圭一粟二粒九黍除減徵外
今應共徵米四萬二千六百五十六石三斗八升六
合七勺八抄七撮七圭一粟二粒
一黍六糲三糠三粃
按前項米石包尾該米四萬二千六百五
十六石三斗八升六合八勺內除
折徵灰石等米一千四百五十二
石四斗四合七勺外該徵漕南本
色米四萬一千二百三石九斗八

升二合一勺

遇閏加徵月糧本折米無

按該縣如遇閏年並無加徵月糧應於原

徵本色米內扣除續減灰石米一

十五石八斗七升四勺外實該徵

漕南本色米四萬一千一百八十

八石一斗一升一合七勺

無閏之年

除減仍應共徵本折米四萬二千六百五十六石三斗八升

六合八勺內除

兌改折徵灰石米八百一十四石五斗九升

行糧減存米四百一十三石四斗六升
經費折徵米二百二十三石四斗八升
零積餘米一十石八斗七升四合七勺
孤貧口糧米九十石
　共米一千四百五十二石四斗四合七勺均改米
　　徵銀外
實應徵漕南本色米四萬一千二百三石九斗八升二合一
勺內　再除
原白改糙南米三百一十五石
原白項下夫船耗米二十四石四斗三升
原糙南米六千三百五十六石一斗八合

原糙項下夫船耗米三百九十六石五斗五升一合一
勺
升科米五百二十一石三斗五升二合九勺
共米七千六百一十三石四斗四升二合均不議
減外
除減實徵漕白改漕行食米三萬三千五百九十石五斗
四升一勺丙
正兌正米一萬八千八百八十四石七斗三升一合四
勺
按前欵原徵米二萬五千六百四十五石
九斗今減米六千七百六十一石

一斗六升八合六勺外尚應徵米
前數
正兌耗米七千五百五十三石八斗九升二合五勺
按前欵原徵米一萬二百五十八石三斗
六升今減米二千七百四石四斗
六升七合五勺外尚應徵米前數
改兌正米一千二百八十四石二斗五升
耗米五百一十三石七斗
按前項正耗米石照章不減仍照原數科
徵
改漕正米一千四百七十石四斗四升四合九勺

按前欵原徵米一千九百九十七石一斗九升九合三勺今減米五百二十六石七斗五升四合四勺外尚應徵米前數

改漕耗米五百八十八石一斗七升八合

按前欵原徵米七百九十八石八斗七升九合七勺今減米二百一十石七斗一合七勺外尚應徵米前數

白糧正米一千六百四十四石八斗四升九合七勺

耗米七百四十石一斗八升二合三勺

按前項正耗米石照章不減仍照原數科

徵

行糧本色米五百三十二石三斗一升一合三勺

按前欵原徵米七百二十三石今減米一

百九十石六斗八升八合七勺外

尚應徵米前數

經費食本色米三百七十八石

按前項米石照章不減仍照原數科徵

有閏之年

除減仍應其徵本折米四萬二千六百五十六石三斗八升

六合八勺內除

兌改折徵灰石米八百三十石四斗六升四勺

行糧減存米四百一十三石四斗六升

經費折徵米一百二十三石四斗八升

零積餘米一十石八斗七升四合七勺

孤貧口糧米九十石

其米一千四百六十八石二斗七升五合一勺均

改米徵銀外

實應徵漕南本色米四萬一千一百八十八石一斗一升一

合七勺内再除

原白改糙南米三百一十五石

原白項下夫船耗米二十四石四斗三升

原糙南米六千三百五十六石一斗八合

原糙項下夫船耗米三百九十六石五斗五升一合一勺

升科米五百二十一石三斗五升二合九勺

共米七千六百一十三石四斗四升二合均不議減外

除減實徵漕白改漕行食米三萬三千五百七十四石六斗六升九合七勺內

正兌正米一萬八千八百七十三石九斗三升三合四勺

按前欵原徵米二萬五千六百三十五石一斗二合今減米六千七百六十

一石一斗六升八合六勺外尚應

徵米前數

正兌耗米七千五百四十九石五斗七升三合三勺

按前欵原徵米一萬二百五十四石四升

八勺今減米二千七百四石四斗

六升七合五勺外尚應徵米前數

改兌正米一千二百八十三石七斗一升二合

耗米五百一十三石四斗八升四合八勺

按前項正耗米石照章不減仍照原數科

徵

改漕正米一千四百七十石四斗四升四合九勺

按前欵原徵米一千九百九十七石一斗

九升九合三勺今減米五百二十

六石七斗五升四合四勺外尙應

徵米前數

改漕耗米五百八十八石一斗七升八合

按前欵原徵米七百九十八石八斗七升

九合七勺今減米二百一十石七

斗一合七勺外尙應徵米前數

白糧正米一千六百四十四石八斗四升九合七勺

耗米七百四十石一斗八升二合三勺

按前項正耗米石照章不減仍照原數科

徵

行糧本色米五百三十二石三斗一升一合三勺

按前欵原徵米七百二十三石今減米一百九十石六斗八升八合七勺外

尚應徵米前數

經費食本色米三百七十八石

按前項米石照章不減仍照原數科徵

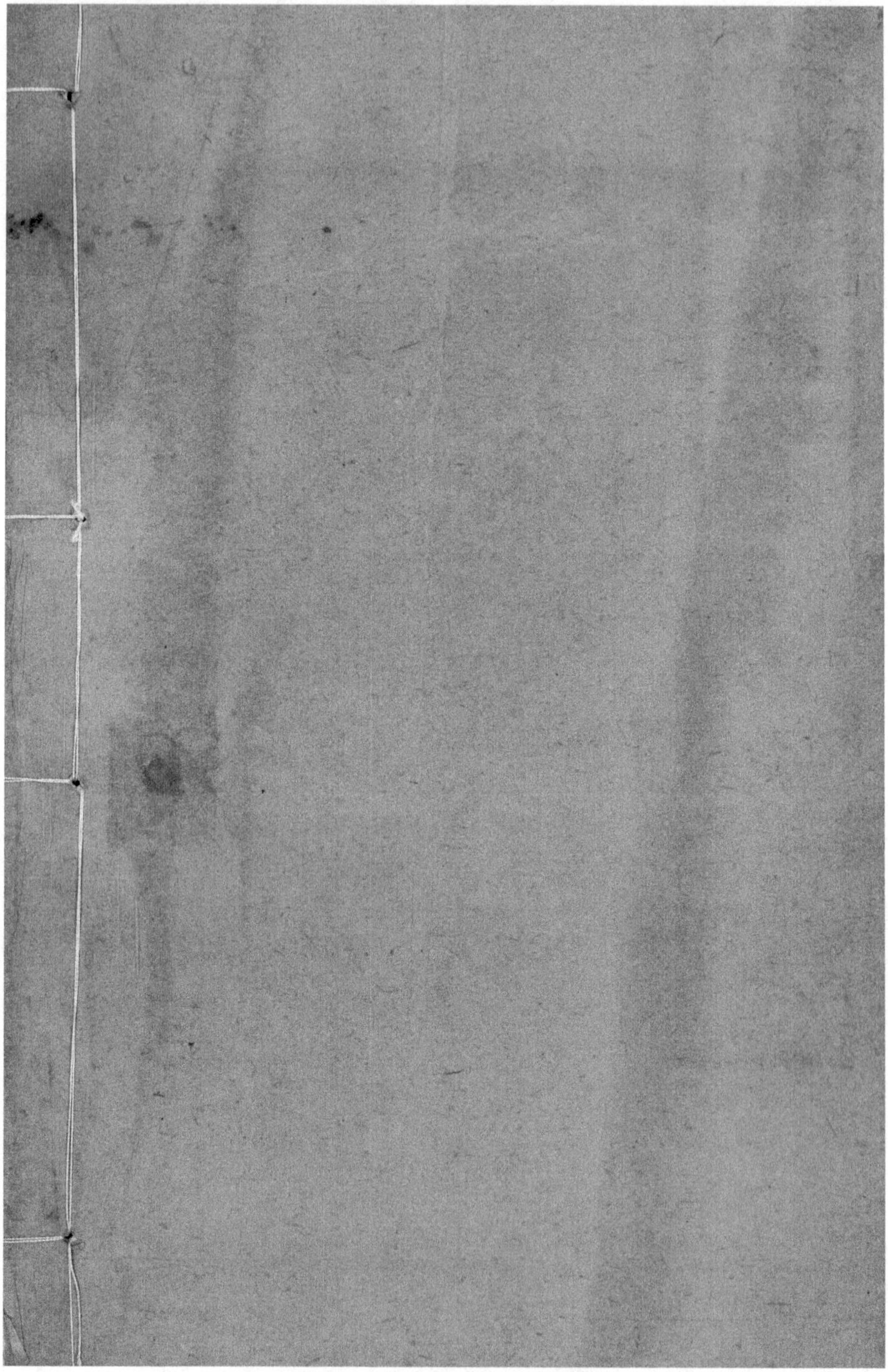

浙江省減賦全案 卷九

湖屬除減實徵細册

03050
1724

安吉縣

前冊核定實該安三區田九百九十五頃三十八畝七釐四毫

每畝該徵原科米一升九合七勺共米一千九百六十石九斗

五抄七撮八圭

今每畝減徵米一合八勺八抄二撮一圭六粒八黍八穄

七粃共米一百八十七石三斗四

升一合二勺八抄六撮八圭二黍

八糲四糠四粃

按清賦局原派減米係照實徵本色漕米

以整數分等核減不以原科米數

計算今一則共減米數悉照清賦

上海市歷史文獻圖書館藏

局原定間有必須更正之處均於
各則登註原委備攷

除減每畝實徵原科米一升七合八勺一抄七撮八圭九粟
三粒一黍九糯一糠三粃其米一
千七百七十三石五斗五升八合
七勺七抄九圭九粟九粒七黍一
糯五糠六粃

前冊核定實該長山區田九百八十頃六十二畝九分一釐七毫
每畝該徵原科米四升六合二勺其米四千五百三十石五斗
六合七勺六抄五撮四圭

今每畝減徵米四合四勺一抄八撮六圭六粟一粒二黍

五栖四糠九粃其米四百三十三
百三斗六合八勺一抄一撮八圭
九粟三黍七栖四糠五粃

按長田與長蕩同一科則減數未便參差
今已科減均勻該米前數並察清
賦案內長田與續報升科田併則
核減今照縣志分則開列減數亦
應泒分致與原減米數稍有未符

除減每畝實徵原科米四升一合七勺八抄一撮三圭三粟
八粒七黍四栖五糠一粃其米四
千九十七石一斗九升九合九勺

五抄三撮五圭九粒六黍二粞五
糠五粃

前冊核定實該新陞田一頃一十一畝九分三毫

每畝該徵原科米二升九合九勺其米三石三斗四升五合八
勺九抄九撮七圭

今每畝減徵米二合八勺五抄七撮七圭六粟九粒一黍
三粞一糠七粃其米三斗一升九
合七勺九抄二撮九圭三粟九粒
一黍四粞四糠六粃

按新升田與續報升科田同一科則今續
報升科田減數係照新升田科泒

彼此皆勻前項新升田減數應照
清賦局原數登列
除減每畝實徵原科米二升七合四抄二撮二圭三粟八黍
六粞八糠三粃共米三石二升六
合一勺六撮七圭六粟八黍五粞
五糠四粃
前冊核定實該續報陞科田二頃一十六畝五分七釐
每畝該徵原科米二升九合九勺共米六石四斗七升五合四
勺四抄三撮
今每畝減徵米二合八勺五抄七撮七圭六粟九粒一黍
三粞一糠七粃共米六斗一升八

合九勺七撮六粟八黍五粞二糠
三粃
按淸賦案內升科田與長三區田併則核
減今照縣志分則登列應按同一
科則之新升田減數於長田項下
泒分作爲本則減米以符原案
除減每畝實徵原科米二升七合四抄二撮二圭三粟八黍
六粞八糠三粃共米五石八斗五
升六合五勺三抄五撮九圭三粟
九粒一黍四粞七糠七粃
前冊核定實該安三區地六百七頃八十八畝七分九釐六毫

每畝該徵原科米一升九合六勺其米一千一百九十一石四
斗六升四勺一撮六圭
今每畝減徵米一合八勺七抄三撮二圭六粟六粒二黍
五粞一糠二粃共米一百一十三
石八斗七升三合五勺九抄九撮
九圭九粟七粒八黍八粞一糠六
粃
除減每畝實徵原科米一升七合七勺二抄六撮七圭三粟
三粒七黍四粞八糠八粃共米一
千七十七石五斗八升六合八勺
一撮六圭二粒一黍一粞八糠四

粃

前冊核定實該長三區地一百四十七頃九畝七分四釐二毫

每畝該徵原科米四升六合一勺五抄共米六百七十八石八斗五升四合五勺九抄三撮三圭

今每畝減徵米四合四勺一抄五圭七粟三粒六黍一稬八糠五粃共米六十四石八斗七升八合四勺一黍四稬一糠四粃

除減每畝實徵原科米四升一合七勺三抄九撮四圭二粟六粒二黍八稬一糠五粃共米六百一十三石九斗七升六合一勺九抄三撮二圭九粟九粒八黍五

粞八糠六粃

前冊核定實該新升地二頃六十七畝四分八釐二毫

每畝該徵原科米二升三合一勺其米六石一斗七升八合八

勺三抄四撮二圭

今每畝減徵米二合二勺七撮二圭七粟四粒二黍六粞

九糠六粃其米五斗九升四勺六

撮一圭三粟六粒一黍八粞一糠

一粃

按新升地與續報升科地同一科則原派

減數核已均勻惟清賦案內兩則

合爲一則核減今照縣志分則開

列減數亦應派分致與清賦併減
之數未符
除減每畝實徵原科米二升八勺九抄二撮七圭二粟五粒
七黍三糯四秕共米五石五斗八
升八合四勺二抄八撮六粟三粒
八黍一糯八糠九秕
前冊核定實該續報升科地四頃三十五畝一分四毫
每畝該徵原科米二升三合一勺共米一十石五升九勺二撮
四圭
今每畝減徵米二合二勺七撮二圭七粟四粒二黍六糯
九糠六粃共米九斗六升三勺九

抄三撮八圭六粟三粒八黍

除減每畝實徵原科米二升八勺九抄二撮七圭二粟五粒

七黍三粞四粃共米九石九升五

勺八撮五圭三粟六粒二黍

前冊核定實該安三區蕩三十六頃六十畝三分二釐

每畝該徵原科米一升九合七勺共米七十二石一斗八合三

勺四撮

今每畝減徵米一合八勺八抄二撮一圭六粒八黍八糠

七粃共米六石八斗八升九合一

勺一抄三撮一圭九粟四粒二粞

八粃

除減每畝實徵原科米一升七合八勺一抄七撮八圭九粟三粒一黍九稨一糠三粃其米六十五石二斗一升九合一勺九抄八圭五粒九黍七稨九糠二粃

前冊核定實該長三區蕩八十二頃五十七畝五分二釐一毫

每畝該徵原科米四升六合二勺其米三百八十一石四斗九升七合四勺七抄二圭

今每畝減徵米四合四勺一抄八撮六圭六粟一粒二黍五稨四糠九粃其米三十六石四斗八升七合一勺八抄八撮一圭四粒二黍二稨三糠一粃

除減每畝實徵原科米四升一合七勺八抄一撮三圭三粟
八粒七黍四粞五糠一粃共米三
百四十五石一升二勺八抄二撮
九粟五粒七黍七粞六糠九粃
前删核定實該新升蕩三十三畝一釐二毫
每畝該徵原科米二升九合共米九斗五升七合三勺四抄八
撮
今每畝減徵米二合七勺七抄一撮三圭六粟三粒六粞
七糠七粃共米九升一合四勺八
抄八撮二圭三粟七粒五黍九粞
九粃

按新升蕩與續報升科蕩同一科則原派減數核已均匀惟清賦案內兩則合爲一則核減今照縣志分則開列減米亦應派分致與清賦併減之數未符

除減每畝實徵原科米二升六合二勺二抄八撮六圭三粟六粒九黍三糯二糠三粃其米八斗六升五合八勺五抄九撮七圭六粟二粒四黍九糠一粃

前冊核定實該續報升科蕩八畝五分五釐六毫

每畝該徵原科米二升九合其米二斗四升八合一勺二抄四

撮
今每畝減徵米二合七勺七抄一撮三圭六粟三粒六粞
七糠七粃其米二升三合七勺一
抄一撮七圭八粟二粒四黍七糠
二粃
除減每畝實徵原科米二升六合二勺二抄八撮六圭三粟
六粒九黍三粞二糠三粃其米二
斗二升四合四勺一抄二撮二圭
一粟七粒五黍九粞二糠八粃
塵

前冊核定實該新升田五頃三十畝五分五釐九毫七忽六微五

每畝該徵原科米三升九合九勺共米一十五石八斗六升三

合七勺一抄六撮三圭八粟七粒

三黍五糯

按前項新升田清賦案內漏未開報致未

派減今減數早已定案自應仍照

原數科徵

以上田地蕩十三則共該徵原科米八千八百五十八

石四斗四升七合八勺五抄九撮

九圭八粟七粒三黍五糯

今共減徵米八百四十五石三斗八升一合一

勺六粒九黍一穄九粃清賦案內截尾列一

勺　奏銷册内
亦以一勺造報

以該縣實徵本色漕米八千五百四十一

石七斗一升五合四勺計算減去

十分中之九釐八毫九絲七忽零

除減仍應共徵原科米八千一十三石六升六合

七勺五抄九撮九圭八粟四黍四

粞八糠一粃

未減以前應徵原科米八千八百五十八石四斗四

升七合八勺五抄九撮九圭八粟

七粒三黍五粞除減徵外

今應共徵米八千一十三石六升六合七勺五

抄九撮九圭八粟四黍四粞八糠

一粃

按前項米石截尾該米八千一十三石六升六合七勺內除折徵灰石等米二百六十三石五斗五升八合外尚應徵漕南本色米七千七百四十九石五斗八合七勺

遇閏加徵月米本折米二十八石八斗七升一合五勺

按前項閏米除折徵米六斗二升八勺外應徵本色米二十八石二斗五升

七勺連原徵共該米七千七百七十七石七斗五升九合四勺内除續減灰石米三石三斗八升一合外實該徵連閏漕南本色米七千七百七十四石三斗七升八合四勺

無閏之年

除減仍應共徵本折米八千一十三石六升六合七勺内除兌改折徵灰石米一百七十三石六斗五升六合

行糧減存米七十六石六斗六合

月糧折徵米七石八升五合八勺

零積餘米六石二斗一升二勺

其米二百六十三石五斗五升八合均改米徵銀

外

實應徵漕南本色米七千七百四十九石五斗八合七勺

內再除

升科米五十三石一斗七升四合四勺

其米五十三石一斗七升四合四勺均不議減外

除減實徵漕糧行月米七千六百九十六石三斗三升四

合三勺內

正兌正米四千八百八十七石七斗五升八合六勺

按前欽原徵米五千四百五十二石二斗

今減米五百六十四石四斗四升
一合四勺外尚應徵米前數
正兌耗米一千九百五十五石一斗三合五勺
按前欵原徵米二千一百八十石八斗八
升今減米二百二十五石七斗七
升六合五勺外尚應徵米前數
改兌正米二百八十八石七斗六升
耗米一百一十五石五斗四合
按前項正耗米石照章不減仍照原數科
徵
行糧本色米一百四十七石九斗一升一合一勺

按前欵原徵米一百六十五石今減米一十七石八升八合九勺外尚應徵米前數

月糧本色米三百一石二斗九升七合一勺

按前欵原徵米三百三十九石三斗七升一合四勺今減米三十八石七升四合三勺外尚應徵米前數

有閏之年

除減仍應共徵本折米八千四十一石九斗三升八合二勺

內除

兌改折徵灰石米一百七十七石三升七合

行糧減存米七十六石六斗六合
月糧折徵米七石七斗六合六勺
零積餘米六石二斗一升二勺
共米二百六十七石五斗五升九合八勺均改米
徵銀外
實應徵漕南本色米七千七百七十四石三斗七升八合
四勺內再除
升科米五十三石一斗七升四合四勺
共米五十三石一斗七升四合四勺均不議減外
除減實徵漕糧行月米七千七百二十一石二斗四合內
正兌正米四千八百八十五石四斗六升三合六勺

按前欵原徵米五千四百四十九石九斗五合今減米五百六十四石四斗四升一合四勺外尚應徵米前數

正兌耗米一千九百五十四石一斗八升五合五勺

按前欵原徵米二千一百七十九石九斗六升二合今減米二百二十五石七斗七升六合五勺外尚應徵米前數

改兌正米二百八十八石六斗四升

耗米一百一十五石四斗五升六合

按前項正耗米石照章不減仍照原數科

徵

行糧本色米一百四十七石九斗一升一合一勺

按前欵原徵米一百六十五石今減米一十七石八升八合九勺外尚應徵米前數

月糧本色米三百二十九石五斗四升七合八勺

按前欵原徵米三百六十七石六斗二升二合一勺今減米三十八石七升四合三勺外尚應徵米前數

圖合三勺六抄尚應徵米詳數

二合一勺今減米三十八石七斗

按兩款應徵米三百六十七石六斗二升

又撥本色米三百二十九石五斗四升七合六勺

米詳數

十七石八斗八合七勺八抄尚應徵

按四款原徵米一百六十五石今減

又撥本色米一百四十七石五斗二升二合

圖

歸安縣

前冊核定實該立碑并三十七都燕丹青岳圩田一百五十四頃五十畝九分八釐

每畝該徵原科米二升二合六勺三抄六撮八圭四粟六粒六黍二粞九糠六粃其米三百四十九石七斗六升一合四勺六抄四撮五圭三粟七粒一粞七糠

今每畝減徵米二合五勺二抄六撮四圭四粟八粒一黍六粞六粃其米三十九石三升六合一勺四黍六粞七糠四粃

按清賦局原派減米係照實徵本色漕米

以整數分等核減不以原科米數
計算今其減米數悉照清賦局原
定間有必須更正之處均於各則
登註原委備考

除減每畝實徵原科米二升一勺一抄三圭九粟八粒四黍
六粞九糠共米三百一十石七斗
二升五合三勺六抄四撮五圭三
粟六粒五黍四粞九糠六粃

前冊核定實該砂礫田二十五頃三畝九分六釐六毫
每畝該徵原科米六升九合三勺八撮六圭八粒三黍九粞二
糠二粃共米一百七十三石五斗

四升六合三勺九抄八撮九圭二
粟一粒三黍八粞三糠四粃
今每畝減徵米一升五抄八撮四圭三粒三黍四粞八糠
九粃共米二十五石一斗八升五
合八勺九抄九撮九圭九粟九粒
九黍三粞一糠七粃
除減每畝實徵原科米五升九合二勺五抄二圭五粒四粞
三糠三粃共米一百四十八石三
斗六升四勺九抄八撮九圭二粟
一粒四黍五粞一糠七粃
前冊核定實該區田六千八十頃四畝九釐八毫

每畝該徵原科米一斗七升五合五勺三抄四撮七圭六粟三粒九黍六糠八粃其米一十萬六千七百二十五石八斗五升五合七勺九抄六撮七圭九粟六粒八黍八糲九糠九粃

今每畝減徵米五升九勺四抄八撮八圭九粟八黍八糠三粃其米三萬九百七十七石一斗三升四合四勺九黍三糲二糠三粃

除減每畝實徵原科米一斗二升四合五勺八抄五撮八圭七粟三粒九糲八糠五粃其米七

萬五千七百四十八石七斗二升
一合三勺九抄六撮七圭九粟五
粒九黍五糆七糠六粃
前冊核定實該沙瘦地二頃四十八畝二分九釐九毫
每畝該徵原科米八合二抄四撮一圭五粟八粒四黍八糆一
糠四粃共米一石九斗九升二合
三勺九抄五圭二粟六粒七黍七
糆三糠一粃
今每畝減徵米七勺七抄六撮八粟四黍五糆一糠四粃
共米一斗九升二合七勺二糠一
粃

除減每畝實徵原科米七合二勺四抄八撮七粟八粒三糲
共米一石七斗九升九合六勺九
抄五圭二粟六粒七黍七糲一糠

前冊核定實該升科地六畝
每畝該徵原科米八合一勺七撮七圭四粟七粒七黍七糲九
糠二粃共米四升八合六勺四抄
六撮四圭八粟六粒六黍七糲五
糠二粃

今每畝減徵米七勺八抄三撮九圭三粟五粒五黍六糲
七粃共米四合七勺三撮六圭一
粟三粒三黍六糲四糠二粃

按清賦案内前項升科地與新升沙瘦地
合爲一則核減今照全書分則開
列減數亦應派分致與原減米數
未符

除減每畝實徵原科米七合三勺二抄三撮八圭一粟二粒
二黍一粞八糠五粃共米四升三
合九勺四抄二撮八圭七粟三粒
三黍一粞一糠

前冊核定實該新升沙瘦地八十二畝一分四釐五毫
每畝該徵原科米八合一勺七撮七圭四粟七粒七黍七粞九
糠二粃共米六斗六升六合一抄

九圭四粟一粒三黍二粞二糠四
粃
今每畝減徵米七勺八抄三撮九圭三粟五粒五黍六粞
七粃共米六升四合三勺九抄六
撮三圭八粟六粒六黍三粞三糠
七粃
除減每畝實徵原科米七合三勺二抄三撮八圭一粟二粒
二黍一粞八糠五粃共米六斗一
合六勺一抄四撮五圭五粟四粒
六黍八粞八糠七粃
前冊核定實該區地一千三十二頃九畝六分三釐九毫

每畝該徵原科米一升八合一勺九抄五圭一粟一粒五黍四
糠六粃共米一千八百七十七石
四斗三升六合一勺二抄五撮六
圭一粟五粒一黍一粞二糠八粃
今每畝減徵米一合七勺五抄九撮九圭二粟九粒六黍
一粞二糠八粃共米一百八十一
石六斗四升一合七勺二粒四黍
九粞七糠七粃
除減每畝實徵原科米一升六合四勺三抄五圭八粟一粒
八黍九粞一糠八粃共米一千六
百九十五石七斗九升四合四勺

二抄五撮六圭一粟二粒六黍一

粞五糠一粃

前冊核定實該新升地一十一畝七分七釐四毫

每畝該徵原科米一升八合四勺四抄五撮一圭二粟六粒三

黍二粞二糠八粃其米二斗一升

七合一勺七抄二撮九圭一粟七

粒三黍二粞四糠六粃

今每畝減徵米一合七勺八抄三撮五圭九粟九黍六粞

三糠二粃其米二升一合七粃

除減每畝實徵原科米一升六合六勺六抄一撮五圭三粟

五粒三黍五粞九糠六粃其米一

斗九升六合一勺七抄二撮九圭
一粟七粒三黍二粞三糠九粃
前冊核定實該山一千三百一十三頃二十七畝四分七釐一毫
每畝該徵原科米六合二抄六撮一圭四粟一粒三黍一粞二
糠三粃共米七百九十一石三斗
九升七合八勺九抄八撮四圭三
粟二粒九黍八粞二粃
今每畝減徵米五勺八抄三撮二圭粟八粒五粞五糠一粃
共米七十六石五斗六升七合五
勺九抄九撮九圭九粟八粒三黍
三粞一糠七粃

除減每畝實徵原科米五合四勺四抄三撮一圭一粟三粒

二黍五粞七糠二粃其米七百一

十四石八斗三升二勺九抄八撮

四圭三粟四粒六黍四粞八糠五

粃

前冊核定實該蕩七百九十頃八十五畝四分九釐六毫

每畝該徵原科米九合二抄七撮二圭八粒四粞九糠五粃其

米七百一十三石九斗二升一合

二勺二抄六撮八粟九粒九黍一

粃

今每畝減徵米八勺七抄三撮三圭八粟一粒三黍八粞

四糠六粃其米六十九石七升一
合七勺九抄九撮九圭九粟八粒
二黍五粞七糠八粃
除減每畝實徵原科米八合一勺五抄三撮八圭二粟六粒
六黍六粞四糠九粃其米六百四
十四石八斗四升九合四勺二抄
六撮九粟一粒六黍四粞二糠三
粃
前冊核定實該清出并續報陞科蕩五頃一十五畝八分四釐一
毫
每畝該徵原科米九合一勺二抄一撮二圭三粟三粒一黍三

粞一糠二粃共米四石七斗五合

一勺六撮一粟九粒六黍三粞一

糠三粃

今每畝減徵米八勺八抄二撮三圭八粟四粒七黍七粞

四糠四粃共米四斗五升五合一

勺七抄二圭四粟四粒四黍一粞

一糠二粃

按淸賦案內前項升科蕩與新升蕩合爲

一則核減今照全書分則開列減

數亦應派分致與原減米數未符

除減每畝實徵原科米八合二勺三抄八撮八圭四粟八粒

三忝五栖六糠八粃共米四石二
斗四升九合九勺三抄五撮七圭
七粟五粒二忝二栖一粃

前册核定實該新升蕩一十畝八分
每畝該徵原科米九合一勺二抄一撮二圭三粟三粒一忝三
栖一糠二粃共米九升八合五勺
九撮三圭一粟七粒八忝一栖七
糠

今每畝減徵米八勺八抄二撮三圭八粟四粒七忝七栖
四糠四粃共米九合五勺二抄九
撮七圭五粟五粒五忝六栖三糠

五粃

除減每畝實徵原科米八合二勺三抄八撮八圭四粟八粒

三黍五粞六糠八粃共米八升八

合九勺七抄九撮五圭六粟二粒

二黍五粞三糠五粃

以上田地山蕩十二則其該徵原科米一十一萬六百

三十九石六斗四升六合七勺四

抄六撮六圭二粒八黍二粞七糠

今共減徵米三萬一千三百六十九石三斗八

升五合三黍九粞四糠清賦案內截尾列五

合奏銷冊內亦以五合造報

以該縣實徵本色漕米九萬八千一百一
十八石三斗七升三合八勺計算
減去十分中之三分一釐九毫七
絲零
除減仍應其徵原科米七萬九千二百七十石二
斗六升一合七勺四抄六撮六圭
二粒四黍三粞三糠
未減以前應徵原科米一十一萬六百三十九石六
斗四升六合七勺四抄六撮六圭
二粒八黍二粞七糠除減徵外
今應其徵米七萬九千二百七十石二斗六升

一合七勺四抄六撮六圭二粒四

黍三粞三糠

按前項米石截尾該米七萬九千二百七

十石二斗六升一合七勺內除折

徵灰石等米三千四百七十二石

七斗八升四合五勺外尚應徵漕

南本色米七萬五千七百九十七

石四斗七升七合二勺

遇閏加徵月糧本折米二石七斗九升六合二勺

按前項閏米除折徵米六升三勺外應徵

本色米二石七斗三升五合九勺

連原徵共該米七萬五千八百石
一斗一升三合一勺内除續減灰
石米二十五石八斗七升七合八
勺外實該徵連閏漕南本色米七
萬五千七百六十四石三斗三升
五合三勺

無閏之年

除減仍應共徵本折米七萬九千二百七十石二斗六升一
合七勺内除
兌改折徵灰石米一千八百三十一石七斗八升六合
五勺

行糧減存米九百七十九石六升二合

月糧折徵米六斗八升六合二勺

經費折徵米三百二石一升六合三勺

零積餘米三十五石二斗三升三合五勺

孤貧口糧米三百二十四石

共米三千四百七十二石七斗八升四合五勺均

改米徵銀外

實應徵漕南本色米七萬五千七百九十七石四斗七升

七合二勺內再除

原白改糙南米六百一十八石四斗一升八合三勺

原糙南米八千一百九十七石五斗三升九合一勺

原糙項下夫船耗米一百九十六石七斗六升一合九
勺
升科米三十五石七斗六升九合一勺
共米九千四十八石四斗八升八合四勺均不議
減外
除減實徵漕白改漕行月食米六萬六千七百四十八石
九斗八升八合八勺內
正兌正米三萬六千七百五十五石七斗四升四勺
按前欵原徵米五萬七千二百五十七石
七斗七升一合二勺今減米二萬
五百二石三升八勺外尚應徵米

前數

正兑耗米一萬四千七百二石二斗九升六合二勺

按前欵原徵米二萬二千九百三石一斗八合五勺今減米八千二百石八斗一升二合三勺外尚應徵米前

數

改兑正米三千三百一石六斗四升

耗米一千三百二十石六斗五升六合

按前項正耗米石照章不減仍照原數科

徵

改漕正米二千六百四十三石九斗一升八勺

按前欵原徵米四千一百一十九石六斗
三升六合今減米一千四百七十
五石七斗二升五合二勺外尚應
徵米前數
改漕耗米一千五十七石五斗六升四合三勺
按前欵原徵米一千六百四十七石八斗
五升四合四勺今減米五百九十
石二斗九升一勺外尚應徵米前
數
白糧正米三千四百一十三石一斗一升二合三勺
耗米一千五百三十五石九斗五勺

按前項正耗米石照章不減仍照原數科
徵
行糧米一千五十三石一斗六升五合三勺
按前欵原徵米一千六百四十一石今減
米五百八十七石八斗三升四合
七勺外尚應徵米前數
月糧米二十石三合
按前欵原徵米三十二石六斗九升四合
九勺今減米一十二石六斗九升
一合九勺外尚應徵米前數
經費食本色米九百四十五石

按前欵照章不減仍照原數科徵

有閏之年

除減仍應共徵本折米七萬九千二百七十三石五升七合

九勺內除

兌改折徵灰石米一千八百六十七石六斗六升四合

三勺

行糧減存米九百七十九石六升二合

月糧折徵米七斗四升六合五勺

經費折徵米三百二石一升六合三勺

零積餘米三十五石二斗三升三合五勺

孤貧口糧米三百二十四石

其米三千五百八石七斗二升二合六勺均改米

徵銀外

實應徵漕南本色米七萬五千七百六十四石三斗三升

五合三勺內再除

原白改糙南米六百一十八石四斗一升八合三勺

原糙南米八千一百九十七石五斗三升九合一勺

原糙項下耗船耗米一百九十六石七斗六升一合九

勺

升科米三十五石七斗六升九合一勺

其米九千四十八石四斗八升八合四勺均不議

減外

除減實徵漕白 改漕行月食米六萬六千七百一十五石

八斗四升六合九勺內

正兌正米三萬六千七百三十一石四斗五升七合四

勺

按前欵原徵米五萬七千二百三十二石

四斗八升八合二勺今減米二萬

五百二石三升八勺外尚應徵米

前數

正兌耗米一萬四千六百九十二石五斗八升三合

按前欵原徵米二萬二千八百九十三石

三斗九升五合三勺今減米八千

二百石八斗一升二合二勺外尚
應徵米前數
改兌正米三千三百石二斗九升六合
耗米一千三百二十石一斗一升八合四勺
按前項正耗米石照章不減仍照原數科
徵
改漕正米二千六百四十三石九斗一升八勺
按前欵原徵米四千一百一十九石六斗
三升六合今減米一千四百七十
五石七斗二升五合二勺外尚應
徵米前數

改漕耗米一千五十七石五斗六升四合三勺

按前欵原徵米一千六百四十七石八斗五升四合四勺今減米五百九十石二斗九升一勺外尚應徵米前數

白糧正米三千四百一十三石一斗一升二合三勺

耗米一千五百三十五石九斗五勺

按前項正耗米石照章不減仍照原數科徵

行糧米一千五十三石一斗六升五合三勺

按前欵原徵米一千六百四十一石今減

米五百八十七石八斗三升四合
七勺外尚應徵米前數
月糧米二十二石七斗三升八合九勺
按前欵原徵米三十五石四斗三升八勺
今減米一十二石六斗九升一合
九勺外尚應徵米前數
經費食本色米九百四十五石
按前項米石照章不減仍照原數科徵

烏程縣

前册核定實該圩田七千一百七十一頃二十一畝九分九釐四
毫一絲六忽二微二塵三漠四埃
九纖三沙
每畝該徵原科米一斗八升二合三抄九撮五圭三粟五粒八
粞六糠七粃共米一十三萬五百
四十四石五斗五升四合四勺一
抄七撮七圭三粟四粒七黍一粞
五糠三粃
今每畝減徵米五升三合九勺五抄一圭六粟四粒四黍二
粞八糠共米三萬八千六百八十

八石八斗四升九合四勺九抄九
撮九圭八粟六粒一黍三稨四糠
五粃

按清賦局原派減米係照實徵本色漕米
以整數分等核減不以原科米數
計算今一則其減米數悉照清賦
局原定間有必須更正之處均於
各則登註原委備攷

除減每畝實徵原科米一斗二升八合八抄九撮三圭七粟
六黍五稨八糠七粃其米九萬一
千八百五十五石七斗四合九勺

一抄七撮七圭四粟八粒五黍八
粞八粃

前册核定實該地七百九十六頃九十一畝一分三釐二毫九絲
每畝該徵原科米一升八合二勺三抄二撮六粟七粒一黍二
粞四糠三粃共米一千四百五十
二石九斗三升四合八抄四撮二
圭四粟四粒三黍一粞二糠一粃

今每畝減徵米一合八勺九抄七圭二粟二粒二黍七粞
三糠八粃共米一百五十石六斗
七升三合七勺九抄九撮九圭九
粟八粒三黍八粞六糠

除減每畝實徵原科米一升六合三勺四抄一撮三圭四粟四粒八黍五糲五粃共米一千三百二石二斗六升二勺八抄四撮二圭四粟五粒九黍二糲六糠一粃

前冊核定實該山二千五百三十九頃七十七畝四分七釐四毫六絲

每畝該徵原科米四合七勺七撮八圭七粟一粒三黍七糲六糠共米一千一百九十五石六斗九升三合二勺八抄二撮八圭一粟八粒一黍七糠

今每畝減徵米三勺九抄九撮八圭九粟五粒三黍六穈
三粃共米一百一石五斗六升四
合三勺九抄九撮九圭九粟八粒
四黍六糏七穈四粃
除減每畝實徵原科米四合三勺七撮九圭七粟六粒六糏
九穈七粃共米一千九十四石一
斗二升八合八勺八抄三撮八圭
一粟九粒六黍三糏九穈六粃
前冊核定實該蕩四百二十四頃九十二畝六分二釐四毫六絲
每畝該徵原科米四合八勺一抄一圭七粟一黍八糏五穈四
粃共米二百四石三斗九升六合

七勺五抄五撮九圭五粟三黍一
粞四糠六粃
今每畝減徵米四勺五抄九撮三圭四粟三粒二黍四粞
三糠三粃共米一十九石五斗一
升八合七勺九粞三糠四粃
除減每畝實徵原科米四合三勺五抄八圭二粟六粒九黍
四粞二糠一粃共米一百八十四
石八斗七升八合五抄五撮九圭
五粟二黍二粞一糠二粃
以上田地山蕩四則共該徵原科米一十三萬三千三
百九十七石五斗七升八合五勺

四抄七圭四粟七粒四黍四粞九
糠
今共減徵米三萬八千九百六十石六斗六合
三勺九抄九撮九圭八粟三粒八
粞一糠三粃勺清賦案內包尾為四奏銷冊內亦以
四勺造報
以該縣實徵本色漕米一十一萬四千五
百一十五石八斗八升九勺計算
減去十分中之三分四釐二絲二
忽零
除減仍應共徵原科米九萬四千四百三十六石

九斗七升二合一勺四抄七圭六
粟四粒三黍六粞七糠七粃
又該泒加改漕舂耗米三十二石二斗二升一合
按改漕舂耗米石係加泒之欵應按各則
原科米數匀泒加徵
未減以前通共應徵原科并泒加等米一十三萬三
千四百二十九石七斗九升九合
五勺四抄七圭四粟七粒四黍四
粞九糠除減徵外
今應共徵米九萬四千四百六十九石一斗九
升三合一勺四抄七圭六粟四粒

三黍六粞七糠七粃

挼前項米石截尾該米九萬四千四百六十九石一斗九升三合一勺內除折徵灰石等米三千七百五十三石三斗九升一合三勺外尙應徵漕南本色米九萬七百一十五石八斗一合八勺

遇閏加徵月糧本折米一石五斗一升九合五勺

挼前項閏米除折徵米三升二合七勺外應徵本色米一百四斗八升六合八勺連原徵共該米九萬七百一

十七石二斗八升八合六勺內除

續減灰石米四十二石二斗七升

八合六勺外實該徵運閏漕南本

色米九萬六百七十五石一升

無閏之年

除減仍應其徵本折米九萬四千四百六十九石一斗九升

三合一勺內除

免改折徵灰石米二千一百三十石三斗九升六合九

勺

行糧減存米一千四石九斗一升三合三勺

月糧折徵米三斗七升三合

經費折徵米三百四十五石四斗二升五合五勺
零積餘米九石六斗七升二合六勺
孤貧口糧米二百六十二石六斗一升
共米三千七百五十三石三斗九升一合三勺均
改米徵銀外
實應徵漕南本色米九萬七百一十五石八斗一合八勺內
再除
原白改糙南米七百六十七石四斗四升九合一勺
原糙南米一萬三千九百八十石七斗三升八合三勺
原糙項下夫船耗米三百三十五石五斗三升七合七
勺

升科米七十六石八斗二合二勺

其米一萬五千一百六十石五斗二升七合三勺

均不議減外

除減實徵漕白改漕行月食米七萬五千五百五十五石

二斗七升四合五勺內

正兌正米四萬八百三十四石五斗一升七合

按前欵原徵米六萬六千二百六十八石

六斗三升七合今減米二萬五千

四百三十四石一斗二升外尚應

徵米前數

正兌耗米一萬六千三百三十三石八斗六合八勺

按前欵原徵米二萬六千五百七石四斗
五升四合八勺今減米一萬一百
七十三石六斗四升八合外尚應
徵米前數

改兌正米四千一百六十四石三升
耗米一千六百六十五石六斗一升二合
按前項正耗米石照章不減仍照原數科
徵

改漕正米三千五十三石七斗七升一合四勺
按前欵原徵米四千九百五十七石一斗
六升四合五勺今減米一千九百

三石三斗九升三合一勺外尚應

徵米前數

改漕耗米一千二百二十一石五斗八合六勺

按前欵原徵米一千九百八十二石八斗

六升五合八勺今減米七百六十

一石三斗五升七合二勺外尚應

徵米前數

白糧正米四千一百六十九石三斗五升九勺

耗米一千八百七十六石二斗七合九勺

按前項正耗米石照章不減仍照原數科

徵

行糧本色米一千九十二石二斗二升四合五勺
按前欵原徵米一千七百七十三石今減
米六百八十石七斗七升五合五
勺外尚應徵米前數

月糧本色米一十石二斗四升五合四勺
按前欵原徵米一十七石五斗五升八合
今減米七石三斗一升二合六勺
外尚應徵米前數

經費食本色米一千一百三十四石
按前欵照章不減仍照原數科徵

有閏之年

除減仍應共徵本折米九萬四千四百七十石七斗一升二
合六勺內除
兌改折徵灰石米二千一百七十二石六斗七升五合
五勺
行糧減存米一千四石九斗一升三合三勺
月糧折徵米四斗五合七勺
經費折徵米三百四十五石四斗二升五合五勺
零積餘米九石六斗七升二合六勺
孤貧口糧米二百六十二石六斗一升
共米三千七百九十五石七斗二合六勺均改米
徵銀外

實應徵漕南本色米九萬六百七十五石一升內再除

原白改糙南米七百六十七石四斗四升九合一勺

原糙南米一萬三千九百八十石七斗三升八合三勺

原糙項下夫船耗米三百三十五石五斗三升七合七

勺

升科米七十六石八斗二合二勺

共米一萬五千一百六十石五斗二升七合三勺

均不議減外

除減實徵漕白改漕行月食米七萬五千五百一十四石

四斗八升二合七勺內

正兌正米四萬八百六石六升八合

按前欵原徵米六萬六千二百四十石一斗八升八合今減米二萬五千四百三十四石一斗二升外尚應徵米前數

正兌耗米一萬六千三百二十二石四斗二升七合二勺

按前欵原徵米二萬六千四百九十六石七升五合二勺今減米一萬一百七十三石六斗四升八合外尚應徵米前數

改兌正米四千一百六十二石二斗八升

耗米一千六百六十四石九斗一升二合
按前項正耗米石照章不減仍照原數科
徵
改漕正米三千五十三石七斗七升一合四勺
按前款原徵米四千九百五十七石一斗
六升四合五勺今減米一千九百
三石三斗九升三合一勺外尙應
徵米前數
改漕耗米一千二百二十一石五斗八合六勺
按前款原徵米一千九百八十二石八斗
六升五合八勺今減米七百六十

一石三斗五升七合二勺外尚應

徵米前數

白糧正米四千一百六十九石三斗五升九勺

耗米一千八百七十六石二斗七合九勺

撥前項正耗米石照章不減仍照原數科

徵

行糧本色米一千九十二石二斗二升四合五勺

撥前欵原徵米一千七百七十三石今減

米六百八十石七斗七升五合五

勺外尚應徵米前數

月糧本色米一十一石七斗三升二合二勺

按前欵原徵米一十九石四升四合八勺

今減米七石三斗一升二合六勺

外尚應徵米前數

經費食本色米一千一百三十四石

按前欵照章不減仍照原數科徵

長興縣

前册核定實該高阜田八百一十三頃九十六畝五分八釐八毫

每畝該徵原科米一升八合五勺四抄二撮四圭四粟共米一千五百九石二斗九升一合三勺四抄九撮一圭九粟四粒七黍二糲

今每畝減徵米一合六勺七抄六撮七圭九粟一黍八糲六糠八粃共米一百三十六石四斗八升四合九勺九抄九撮九圭九粟七粒四黍二糠六粃

按清賦局原派減米係照實徵本色漕米

以整數分等核減不以原科米數
計算今一則其減米數悉照清賦
局原定間有必須更正之處均於
各則登註原委備攷

除減每畝實徵原科米一升六合八勺六抄五撮六圭四粟
九粒八黍一稷三糠二粃共米一
千三百七十二石八斗六合三勺
四抄九撮一圭九粟七粒三黍一
稷七糠四粃

前冊核定實該改則功臣平坦山脚低滂田六千三百六十八頃
二十一畝二分一釐

每畝該徵原科米八升八合六勺五抄三撮九圭四粒一黍六
糠九粃共米五萬六千四百五十
六石六斗八升六合四勺八抄四
撮五圭八粟二粞七糠三粃
今每畝減徵米一升二合三抄九撮六粟五粒二黍五粞
三粃共米七千六百六十六石七
斗三升二合九抄九撮九圭六粟
四粒九黍九粞八糠八粃
按清賦案內平坦功臣田畝分作兩則核
減今照縣誌合爲一則開列減數
亦應併計致與原減米數未符

除減每畝實徵原科米七升六合六勺一抄四撮八圭三粟
八粒八黍五粞六糠六粃共米四
萬八千七百八十九石九斗五升
四合三勺八抄四撮六圭一粟五
粒二粞八糠五粃

前冊核定實該地一千二十二頃二十五畝八分二毫

每畝該徵原科米四勺一抄九圭二粟共米四十二石六合六
勺二抄六撮五圭五粟七粒八黍
四粞

按前項地則每畝僅徵米四勺有零淸賦
案內聲明毋庸核減仍照原數科

徵

前冊核定實該蕩三百九十八頃三十二畝二分一釐七毫

每畝該徵原科米五勺二抄五撮八圭一粟五粒二黍四稊八

粺八粃共米二十石九斗四升四

合三勺八抄七撮九粟二粒一黍

一稊六粃

按前項蕩則每畝僅徵米五勺有零淸賦

案內聲明毋庸核減仍照原數科

徵

以上田地蕩四則共該徵原科米五萬八千二十八石

九斗二升八合八勺四抄七撮四

圭二粟四粒六黍九粞七糠九粃
今共減徵米七千八百三石二斗一升七合
九抄九撮九圭六粟二粒四黍一
糠四粃清賦案內包尾爲一勺奏銷冊內亦以一勺造報
以該縣實徵本色漕米五萬四千九百四
十五石二斗六升六合四勺計算
減去十分中之一分四釐二毫一
忽零
除減仍應共徵原科米五萬二百二十五石七
斗一升一合七勺四抄七撮四圭
六粟二粒二黍九粞六糠五粃

又該派加改漕春耗米一十六石二斗一升六

合

按改漕春耗米石係加派之欵應按各則

原科米數匀派加徵

外加由縣籌補米二斗七升八合三勺

未減以前通共應徵原科派加并籌補等米五萬八

千四十五石四斗一升三合一

勺四抄七撮四圭二粟四粒六黍

九粞七糠九粃除減徵外

今應共徵并籌補米五萬二百四十二石二斗

六合四抄七撮四圭六粟二粒二

黍九粞六糠五粃

按前項米石覈尾該米五萬二百四十二石二斗六合內除折徵灰石等米一千九百九十一石四斗一升四合一勺外尚應徵漕南本色米四萬八千二百五十石七斗九升一合九勺

遇閏加徵月糧本折米一十六石三斗一升一合三勺

按前項閏米除折徵米三斗五升一合四勺外應徵本色米一十五石九斗

五升九合九勺連原徵共該米四萬八千二百六十六石七斗五升一合八勺内除續減灰石米二十石三斗二升二合四勺外實該徵連閏漕南本色米四萬八千二百四十六石四斗二升九合四勺

無閏之年

除減仍應共徵本折米五萬二百四十二石三斗六合内除

正兑折徵灰石米一千四十三石一斗四升

行糧減存米六百五十九石二斗三升四合

月糧折徵米四石三合一勺

經費折徵米一百四十四石六升

零積餘米七石七斗七升七合

孤貧口糧米一百三十三石二斗

共米一千九百九十一石四斗一升四合一勺均

改米徵銀外

實應徵漕南本色米四萬八千二百五十石七斗九升二合

九勺內再除

原白改糙南米二百八十五石二斗二勺

原糙南米七百五十二石四斗四升七合八勺

原糙項下夫船耗米一十八石七升五合三勺

升科米五十三石一升九合三勺

共米一千一百八石七斗四升二合六勺均不議
減外
除減實徵漕白改漕行月食米四萬七千一百四十二石
四升九合三勺内
正兌正米二萬九千三百三十石一斗二升九勺
按前款原徵米三萬四千四百八十五石
九斗今減米五千一百五十五石
七斗七升九合一勺外尚應徵米
前數
正兌耗米一萬一千七百三十二石四升八合四勺
按前款原徵米一萬三千七百九十四石

三斗六升今減米二千六十二石
三斗一升一合六勺外尚應徵米
前數

改漕正米一千六百七十二石五斗八升七合一勺
按前欵原徵米一千九百六十六石七斗
四升七合四勺今減米二百九十
四石一斗六升三勺外尚應徵米
前數

改漕耗米六百六十九石三升四合八勺
按前欵原徵米七百八十六石六斗九升
九合今減米一百一十七石六斗

六升四合二勺外尙應徵米前數

白糧正米一千六百五石三斗九升九合二勺

耗米七百二十二石四斗二升九合七勺

撥前項正耗米石照章不減仍照原數科

徵

行糧本色米八百八石七斗六升一合八勺

撥前欵原徵米九百五十一石今減米一

百四十二石二斗三升八合二勺

外尙應徵米前數

月糧本色米一百六十石六斗六升七合四勺

撥前欵原徵米一百九十一石七斗三升

一合一勺今減米三十一石六升

三合七勺外尚應徵米前數

經費食本色米四百四十一石

按前項米石照章不減仍照原數科徵

有閏之年

除減仍應共徵本折米五萬二百五十八石五斗一升七合

三勺內除

正兌折徵灰石米一千六十三石四斗六升二合四勺

行糧減存米六百五十九石二斗三升四合

月糧折徵米四石三斗五升四合五勺

經費折徵米一百四十四石六升

零積餘米七石七斗七升七合

孤貧口糧米一百三十三石二斗

其米二千一十二石八升七合九勺均攺米徵銀

外

實應徵漕南本色米四萬八千二百四十六石四斗二升九合四勺內再除

原白攺糙南米二百八十五石二斗二勺

原糙南米七百五十二石四斗四升七合八勺

原糙項下夫船耗米一十八石七升五合三勺

升科米五十三石一升九合三勺

其米一千一百八石七斗四升二合六勺均不議

減外

除減實徵漕白改漕行月食米四萬七千一百三十七石

六斗八升六合八勺內

正兌正米二萬九千三百一十五石六斗四合九勺

按前欵原徵米三萬四千四百七十一石

三斗八升四合今減米五千一百

五十五石七斗七升九合一勺外

尚應徵米前數

正兌耗米一萬一千七百二十六石二斗四升二合

按前欵原徵米一萬三千七百八十八石

五斗五升三合六勺今減米二千

六十二石三斗一升一合六勺外
尚應徵米前數
改漕正米一千六百七十二石五斗八升七合一勺
按前欵原徵米一千九百六十六石七斗
四升七合四勺今減米二百九十
四石一斗六升三勺外尚應徵米
前數
改漕耗米六百六十九石三升四合八勺
按前欵原徵米七百八十六石六斗九升
九合今減米一百一十七石六斗
六升四合二勺外尚應徵米前數

白糧正米一千六百五石三斗九升九合二勺
耗米七百二十二石四斗二升九合七勺
按前項正耗米石照章不減仍照原數科
徵
行糧本色米八百八石七斗六升一合八勺
按前欵原徵米九百五十一石今減米一
百四十二石二斗三升八合二勺
外尙應徵米前數
月糧本色米一百七十六石六斗二升七合三勺
按前欵原徵米二百七石六斗九升一合
今減米三十一石六升三合七勺

外倘應徵米前數

經費食本色米四百四十一石

按前項米石照章不減仍照原數科徵

德清縣

前冊核定實該圩田三千九百五十九頃七十三畝五分五釐

每畝該徵原科米一斗五升三合五勺六抄六撮七圭五粟五粒六黍八粞二糠一粃共米六萬八百八石三斗七升三合四勺九撮四圭四粒三黍三粞九糠七粃

今每畝減徵米三升七合三勺九抄七撮五圭三粟四粒七黍五粞九糠五粃共米一萬四千八百八石四斗三升四合五勺九抄九撮九圭四粟八粒三粞二糠五粃

按清賦局原派減米係照實徵本色漕米以整數分等核減不以原科米數計算今一則其減米數悉照清賦局原定間有必須更正之處均於各則登註原委備攷並察清賦案內前項圩田與清出圩田合爲一則核減今照全書分爲兩則開列減數亦應派分致與原減米數未符

除減每畝實徵原科米一斗一升六合一勺六抄九撮二圭二粟九黍二稷二糠六粃共米四

萬五千九百九十九石九斗三升

八合八勺九撮四圭五粟六粒一

黍九粞七糠二粃

前冊核定實該淸出圩田一十三畝四分四釐五毫

每畝該徵原科米一斗五升五合一勺一抄一撮二圭五粟共

米二石八升五合四勺七抄七圭

五粟六粒二黍五粞

今每畝減徵米三升七合三勺九抄六撮八圭一粒七黍

八粞五糠共米五斗二合七勺九

抄九撮九圭九粟九粒九黍九粞

九糠三粃

除減每畝實徵原科米一斗一升七合七勺一抄四撮四圭

四粟八粒二黍一糲五糠其米一

石五斗八升二合六勺七抄七圭

五粟六粒二黍五糲七粃

前冊核定實該地成田八十八頃五十九畝四分一釐三毫

每畝該徵原科米七升五合四勺八抄二圭其米六百六十八石

七斗一升二勺六抄五撮一圭二

粟二粒六黍

今每畝減徵米一升四合九勺五抄九撮一粟五粒九黍

七糠七粃共米一百三十二石五

斗二升八合九抄九撮九圭九粟

九粒八黍八粞四糠二粃
除減每畝實徵原科米六升五勺二抄一撮一圭八粟四粒
九粞三糠三粃共米五百三十六
石一斗八升二合一勺六抄五撮
一圭二粟二粒七黍一粞五糠八
粃
前册核定實該蕩成田二頃八十九畝二分六釐
每畝該徵原科米七升五合四勺八抄八圭九粟共米二十一
石八斗三升三合六勺二撮二圭
四粟一粒四黍
今每畝減徵米一升四合九勺五抄八撮八圭六粟五黍

四粞七粃共米四石三斗二升七
合二糠九粃
除減每畝實徵原科米六升五勺二抄二撮二粟九粒四黍
五粞九糠三粃共米一十七石五
斗六合六勺二撮二圭四粟一粒
三黍九粞七糠一粃
前冊核定實該山改田五頃三畝三分七釐四毫
每畝該徵原科米五升八勺一抄八撮三圭共米二十五石五
斗八升六勺一抄九圭四粟四粒
二黍
今每畝減徵米四合九勺八抄六撮一圭五粟三粒四黍

三栖六糠六粃共米二石五斗九
合八勺九抄九撮九圭九粟九粒
九黍九栖五糠一粃
除減每畝實徵原科米四升五合八勺三抄二撮一圭四粟
六粒五黍六栖三糠四粃共米二
十三石七升七勺一抄九圭四粟
四粒二黍四糠九粃
前冊核定實該稅地七百八十七頃九十畝一分四釐七毫
每畝該徵原科米七合四勺一抄七撮二圭一粟八粒七黍八
栖二粃共米五百八十四石四斗
三合七勺五抄八撮二粟二粒五

黍三糠三粃

今每畝減徵米六勺九抄八撮八粟七粒二黍八糲七糠

四粃共米五十五石二合三勺九

抄九撮九圭九粟二粒四黍六糲

一糠九粃

按清賦案內前項稅地與清出稅地合爲

一則核減今照全書分則開列減

數亦應派分致與原減米數未符

除減每畝實徵原科米六合七勺一抄九撮一圭三粟一粒

四黍九糲二糠八粃共米五百二

十九石四斗一合三勺五抄八撮

三粟四粞一糠四粃

前冊核定實該淸出稅地二十畝一釐四毫四絲

每畝該徵原科米七合四勺九抄二撮三圭其米一斗四升九合九勺五抄三撮八圭八粟九粒一黍二粞

今每畝減徵米六勺九抄九撮四圭九粟六粒三黍六粞二糠六粃其米一升三合九勺九抄九撮九圭九粟九粒九黍九粞九糠六粃

除減每畝實徵原科米六合七勺九抄二撮八圭三粒六黍三粞七糠四粃其米一斗三升五

合九勺五抄三撮八圭八粟九粒
一黍二粞四粃
前冊核定實該山改地一十一頃三十一畝六分五釐
每畝該徵原科米四合二勺一抄六圭共米四石七斗六升
四合九勺二抄五撮四圭九粟
今每畝減徵米三勺九抄八撮八圭八粟六粒五黍八粞
一糠五粃共米四斗五升一合三
勺九抄九撮九圭九粟九粒九黍
五粞四糠五粃
按清賦案內前項山改地與清出山改地
合爲一則核減今照全書分則開

刻減數亦應派分致與原減米數
未符

除減每畝實徵原科米三合八勺一抄一撮七圭一粟三粒
四黍一粞八糠五粃共米四石三
斗一升三合五勺二抄五撮四圭
九粟四粞五糠五粃

前冊核定實該清出山眹地一畝二分二釐九毫
每畝該徵原科米四合二勺五抄二撮四圭共米五合二勺二
抄六撮一圭九粟九粒六黍
今每畝減徵米四勺六撮八圭三粟四粒八黍二粞五糠
一粃其米五勺

除減每畝實徵原科米三合八勺四抄五撮五圭六粟五粒一黍七糆四糠九粃共米四合七勺二抄六撮一圭九粟九粒六黍

前冊核定實該山三百四十頃六十六畝三分四釐四毫

每畝該徵原科米五合二勺一抄二撮六圭共米一百七十七石五斗七升四合二勺二抄四撮七圭三粟四粒四黍

今每畝減徵米四勺九抄八撮六圭三粟二粒九黍二糠九粃共米一十六石九斗八升六合五勺九抄九撮九圭九粟九粒九黍一糆

按清賦案內前項山則與清出山合爲一

則核減今照全書分則開列減數

亦應泒分致與原減米數未符

除減每畝實徵原科米四合七勺一抄三撮九圭六粟七粒

九粞七糠一粃共米一百六十石

五斗八升七合六勺二抄四撮七

圭三粟四粒四黍九粞

前冊核定實該清出山一十五畝二分八釐六毫

每畝該徵原科米五合二勺六抄五撮共米八升四勺八抄七

圭九粟

今每畝減徵米四勺九抄七撮一圭八粟六粒九黍六粞

八糠五粃其米七合六勺五粃
除減每畝實徵原科米四合七勺六抄七撮八圭一粟三粒
三粞一糠五粃其米七升二合八
勺八抄七圭八粟九粒九黍九粞
九糠五粃
前冊核定實該蕩五百五十六頃八十九畝一分
每畝該徵原科米四合五勺一抄八圭三粒七黍六糠七粃共
米二百五十一石二斗二合五勺
九抄八撮六圭九粟九粒九黍六
粞七糠
今每畝減徵米三勺九抄八撮九圭七粒五黍六糠一粃

共米二十二石二斗一升四合七
勺九抄九撮九圭九粟五粒一黍
三糆三糠五粃

按清賦案內前項盪則與清出蕩合爲一
則核減今照全書分則開列減數
亦應派分致與原減米數未符

除減每畝實徵原科米四合一勺一抄一撮八圭九粟六粒
二黍六粃共米二百二十八石九
斗八升七合七勺九抄八撮七圭
四粒八黍三糆三糠五粃

前册核定實該清出蕩九畝五分七釐三毫　德清

每畝該徵原科米四合五勺五抄六撮一圭八粟四黍八糲一
糠四粃共米四升三合六勺一抄
六撮三圭一粟五粒七黍四糲八
糠四粃
今每畝減徵米三勺九抄六撮九圭四粟九粒七黍五糲
四糠五粃共米三合七勺九抄九
撮九圭九粟九粒九黍九糲九糠
八粃
除減每畝實徵原科米四台一勺五抄九撮二圭三粟七黍
二糲六糠九粃共米三升九合八
勺一抄六撮三圭一粟五粒七黍

四粞八糠六粃

以上田地山蕩十三則共該徵原科米六萬二千五百四十四石八斗八合一勺四抄二撮六圭一粒一粞八糠四粃

今共減徵米一萬五千四十二石九斗八升三合四勺九抄九撮九圭三粟五粒三黍七粞三糠八粃淸賦案內包尾爲五勺奏銷册內亦以五勺造報

以該縣實徵本色漕米五萬六千一百三十二石四斗九升一合四勺計算

減去十分中之二分六釐七毫九

絲九忽零

除減仍應共徵原科米四萬七千五百一石八斗二升四合六勺四抄二撮六圭七粟四粒六黍四粞四糠六粃

又該派加改漕舂耗米一十五石三斗八升八合一勺

按改漕舂耗米石係加派之欵應按各則原科米數勻派加徵

未減以前通共應徵原科并派加等米六萬二千五百六十石一斗九升六合二勺四抄二撮六圭一粟一粞八糠四粃除

減徵外

今應共徵米四萬七千五百一十七石二斗一升二

合七勺四抄二撮六圭七粟四粒

六黍四粞四糠六粃

按前項米石包尾該米四萬七千五百一

十七石二斗一升二合八勺內除

折徵灰石等米一千七百三十二

石三斗七合三勺外尚應徵漕南

本色米四萬五千七百八十四石

九斗五合五勺

遇閏加徵月糧本折米一石七升八合四勺

按前項閏米除折徵米二升三合二勺外
應徵本色米一石五升五合二勺
連原徵共該米四萬五千七百八
十五石九斗六升七勺丙除續減
灰石米二十石六斗九合四勺外
實該徵連閏漕南本色米四萬五
千七百六十五石三斗五升一合
三勺

無閏之年
除減仍應其徵本折米四萬七千五百一十七石二斗一升
二合八勺內除

兌改折徵灰石米一千五十四石五斗六升四合

行糧減存米五百七石九斗二升八合

月糧折徵米二斗六升四合七勺

經費折徵米一百六十四石六斗四升

零積餘米四石九斗一升六勺

其米一千七百三十二石三斗七合三勺均改米

徵銀外

實應徵漕南本色米四萬五千七百八十四石九斗五合

五勺內再除

原白改糙南米三百五十一石七斗四升一合七勺

原糙南米四千二百三十八石六斗四合二勺

原糙項下夫船耗米一百一石七斗四升四合八勺

升科米三石三斗六合九勺

共米四千六百九十五石三斗九升七合六勺均

不議減外

除減實徵漕白改漕行月食米四萬一千八十九石五斗

七合九勺內

正兌正米二萬三千三百九十二石二斗五升五合四

勺

按前冊原徵米三萬三千二百六十一石

四斗今減米九千八百六十九石

一斗四升四合六勺外尚應徵米

前數

正兌耗米九千三百五十六石九斗二合二勺

按前欵原徵米一萬三千三百四石五斗六升今減米三千九百四十七石六斗五升七合八勺外尚應徵米

前數

改兌正米一千六百四石三斗四升

耗米六百四十一石七斗三升六合

按前項正耗米石照章不減仍照原數科徵

改漕正米一千五百八十二石六斗三升七合四勺

按前欵原徵米二千二百五十石七斗四
升九合九勺今減米六百六十八
石一斗一升二合五勺外尚應徵
米前數

改漕耗米六百三十三石五升五合

按前欵原徵米九百石三斗今減米二百
六十七石二斗四升五合外尚應
徵米前數

白糧正米一千八百五十二石九斗一升六合五勺

耗米八百三十三石八斗一升二合四勺

按前項正耗米石照章不減仍照原數科

徵

行糧本色米六百七十九石二斗五升二合六勺

按前欵原徵米九百六十六石今減米二百八十六石七斗四升七合四勺

外尚應徵米前數

月糧本色米八石六斗四勺

按前欵原徵米一十二石六斗七升六合六勺今減米四石七升六合二勺

外尚應徵米前數

經費食本色米五百四石

按前項米石照章不減仍照原數科徵

有閏之年

除減仍應共徵本折米四萬七千五百一十八石二斗九升

一合二勺內除

兌改折徵灰石米一千七十五石一斗七升三合四勺

行糧減存米五百七石九斗二升八合

月糧折徵米二斗八升七合九勺

經費折徵米一百六十四石六斗四升

零積餘米四石九斗一升六勺

共米一千七百五十二石九斗三升九合九勺均

改米徵銀外

實應徵漕南本色米四萬五千七百八十五石三斗五升一

合三勺內再除

原白改糙南米三百五十一石七斗四升一合七勺

原糙南米四千二百三十八石六斗四合二勺

原糙項下夫船耗米一百一石七斗四升四合八勺

升科米三石三斗六合九勺

共米四千六百九十五石三斗九升七合六勺均

不議減外

除減實徵漕白改漕行月食米四萬一千六十九石九斗

五升三合七勺內

正兌正米二萬三千三百七十八石二斗一升二合四

勺

按前欵原徵米三萬三千二百四十七石
三斗五升七合今減米九千八百
六十九石一斗四升四合六勺外
尚應徵米前數
正兊耗米九千三百五十一石二斗八升五合
按前欵原徵米一萬三千二百九十八石
九斗四升二合八勺今減米三千
九百四十七石六斗五升七合八
勺外尚應徵米前數
改兊正米一千六百三石六斗六升二合
耗米六百四十一石四斗六升四合八勺

按前項正耗米石照章不減仍照原數科
徵

改漕正米一千五百八十二石六斗三升七合四勺

按前欵原徵米二千二百五十石七斗四
升九合九勺今減米六百六十八
石一斗一升二合五勺外尚應徵
米前數

改漕耗米六百三十三石五升五合

按前欵原徵米九百石三斗今減米二百
六十七石二斗四升五合外尚應
徵米前數

白糧正米一千八百五十二石九斗一升六合五勺

耗米八百三十三石八斗一升二合四勺

按前項正耗米石照章不減仍照原數科

徵

行糧本色米六百七十九石二斗五升二合六勺

按前欵原徵米九百六十六石今減米二

百八十六石七斗四升七合四勺

外尚應徵米前數

月糧本色米九石六斗五升五合六勺

按前欵原徵米一十三石七斗三升一合

八勺今減米四石七升六合二勺外

尚應徵米前數

經費食本色米五百四石

按前項米石照章不減仍照原數科徵

武康縣

前冊核定實該田一千三百八十七頃二十畝一分七釐

每畝該徵原科米六升六合八勺五抄六撮二圭三粟共米九千二百七十三石六斗三升七合六勺四抄一撮七圭五粟七粒四黍

今每畝減徵米九合二抄四撮六圭九粟二粒九黍九粞八糠五粃共米一千二百五十一石八斗一升六合七勺一粟九粒七黍四粞四糠七粃

按清賦局原派減米係照實徵本色漕米

以整數分等核減不以原科米數
計算今一則其減米數悉照清賦
局原定間有必須更正之處均於
各則登註原委備攷

除減每畝實徵原科米五升七合八勺三抄一撮五圭二粟
七粒一糠五粃共米八千二十一
石八斗二升九勺四抄一撮七圭
三粟七粒六黍五糲五糠三粃

前冊核定實該地四百三十六頃一十六畝九分一釐六毫
每畝該徵原科米三升三合三勺七抄八撮五圭五粟共米一
千四百五十五石八斗六升九合

四勺一抄一撮五圭五粟一粒八
黍
今每畝減徵米三合二勺八撮七圭七粟七粒九黍八糒
八糠八粃共米一百三十九石九
斗五升七合一黍三糒八糠五粃
除減每畝實徵原科米三升一勺六抄九撮七圭七粟二粒
一糒一糠二粃共米一千三百一
十五石九斗一升二合四勺一抄
一撮五圭五粟一粒六黍六糒一
糠五粃

前册核定實該山三千一百三頃五十五畝八分三釐四毫　武康

每畝該徵原科米五合六勺二抄九撮九圭一粟其米一千八

百三石五斗七升四合五勺一抄

三撮三圭九粟四粒九黍四穈

今每畝減徵米五勺一撮三圭七粟一粒八黍五穈八糠

九粃其米一百六十石六斗一升

七合四勺二粒三穈九糠八粃

除減每畝實徵原科米五合一勺二抄八撮五圭三粟八粒

一黍四穈一糠一粃其米一千六

百四十二石九斗五升七合一勺

一抄三撮三圭九粟二粒九黍二

粃

前冊核定實該蕩二百四十八頃五十六畝一分八毫
每畝該徵原科米一升六合五勺八抄八撮八粟四粒三黍九
粞二糠六粃共米四百一十二石
三斗一升五合二勺一抄七撮一
圭七粟五粒五黍八粞
今每畝減徵米一合六勺四撮三圭八粟六粒三黍三粞
四糠三粃共米三十九石八斗七
升八合七勺九抄九撮九圭九粟
九粒八粞四糠九粃
除減每畝實徵原科米一升四合九勺八抄三撮六圭九粟
八粒五粞八糠三粃共米三百七

十二石四斗三升六合四勺一抄
七撮一圭七粟六粒四黍九糯五
糠一粃
以上田地山蕩四則共該徵原科米一萬二千九百四
十五石三斗九升六合七勺八抄
三撮八圭七粟九粒七黍二糯
今共減徵米一千五百九十二石二斗六升九
合九勺二粟一粒七糠九粃清賦案內截尾列九勺奏銷冊內亦以九勺造報
以該縣實徵本色漕米一萬二千三百一
十三石一升二合計算減去十分

中之一分二釐九毫三絲一忽零

除減仍應共徵原科米二萬一千三百五十三石

一斗二升六合八勺八抄三撮八

圭五粟八粒七黍一糲二糠一粃

又該派加改漕春耗米四石四斗五升二合六勺

按改漕春耗米石係加派之欵應按各則

原科米數勻派加徵

外加由縣籌補米二斗六升四合一勺

未減以前通共應徵原科派加并籌補等米一萬二千

九百五十石一斗一升三合四勺

八抄三撮八圭七粟九粒七黍二

今應共徵并𥳑䆗米一萬一千三百五十七石八斗
四升三合五勺八抄三撮八圭五
粟八粒七黍一粞二糠一粃
粞除減徵外
按前項米石包尾該米一萬一千三百五
十七石八斗四升三合六勺內除
折徵灰石等米四百三石五斗七
升七合九勺外尚應徵漕南本色
米一萬九百五十四石二斗六升
五合七勺
遇閏加徵月糧米折米八斗四升八合五勺

按前項閏米除折徵米一升八合二勺外
應徵本色米八斗三升三勺連閏
徵共該米一萬九百五十五石九
升六合內除續減灰石米四石五
斗六升六合八勺外實該徵連閏
漕南本色米一萬九百五十石五
斗二升九合二勺

無閏之年
除減仍應共徵本折米一萬一千三百五十七石八斗四升
三合六勺內除
免改折徵灰石米二百三十四石六斗八升二合

行糧減存米一百一十四石七斗五升九合
月糧折徵米二斗八合三勺
經費折徵米四十一石一斗六升
零積餘米一十二石七斗六升八合六勺
共米四百三石五斗七升七合九勺均改米徵銀

外

實應徵漕南本色米一萬九百五十四石二斗六升五合七勺

內再除

原白改糙南米六十一石一斗二升九合五勺
原糙南米一百六十八石八升六合三勺
原糙項下夫船耗米四石四升三合七勺

升科米二斗六升四合一勺
共米二百三十三石五斗二升三合六勺均不許
減外
除減實徵漕白改漕行月食米一萬七百二十石七斗四
升二合一勺內
正兌正米六千二百七十五石八斗二升八合七勺
按前欵原徵米七千三百二十八石六斗
五升今減米一千五十二石八斗
二升一合三勺外尚應徵米前數
正兌耗米二千五百一十石三斗三升一合四勺
按前欵原徵米二千九百三十一石四斗

六升今減米四百二十一石一斗
二升八合六勺外尚應徵米前數
改兌正米四百二十九石七斗二升
耗米一百七十一石八斗八升八合
按前項正耗米石照章不減仍照原數科
徵
改漕正米三百六十八石四斗八升八合五勺
按前欵原徵米四百三十石三斗三升五
合八勺今減米六十一石八斗四
升七合三勺外尚應徵米前數
改漕耗米一百四十七石三斗九升五合四勺

按前欵原徵米一百七十二石一斗三升
四合三勺今減米二十四石七斗
三升八合九勺外尚應徵米前數
白糧正米三百四十六石七斗九升二合七勺
耗米一百五十六石五升六合七勺
按前項正耗米石照章不減仍照原數科
徵
行糧本色米一百七十九石八斗一升九合一勺
按前欵原徵米二百一十石今減米三十
石一斗八升九勺外尚應徵米前
數

月糧本色米八石四斗二升一合六勺
按前欵原徵米九石九斗七升四合五勺
今減米一石五斗五升二合九勺
外尚應徵米前數
經費食本色米一百二十六石
按前項米石照章不減仍照原數科徵
有閏之年
除減仍應共徵本折米一萬一千三百五十八石六斗九升
二合一勺內除
兌改折徵灰石米二百三十九石二斗四升八合八勺
行糧減存米一百一十四石七斗五升九合

月糧折徵米二斗二升六合五勺
經費折徵米四十一石一斗六升
零積餘米一十二石七斗六升八合六勺
共米四百八石一斗六升二合九勺均改米徵銀
外
實應徵漕南本色米一萬九百五十石五斗二升九合二勺
內再除
原白改糙南米六十一石一斗二升九合五勺
原糙南米一百六十八石八升六合三勺
原糙項下夫船耗米四石四升三合七勺
升科米二斗六升四合一勺

其米二百三十三石五斗二升三合六勺均不議

減外

除減實徵漕白改漕行月食米一萬七百一十七石五合

六勺內

正兌正米六千二百七十二石七斗五升一合七勺

按前款原徵米七千三百二十五勺五斗

七升三合今減米一千五十二石

八斗二升一合三勺外尚應徵米

前數

正兌耗米二千五百九石一斗六勺

按前款原徵米二千九百三十石二斗二

升九合二勺今減米四百二十一
石一斗二升八合六勺外尚應徵
米前數

改兌正米四百二十九石五斗三升五合
耗米一百七十一石八斗一升四合
按前項正耗米石照章不減仍照原數科
徵

改漕正米三百六十八石四斗八升八合五勺
按前欵原徵米四百三十石三斗三升五
合八勺今減米六十一石八斗四
升七合三勺外尚應徵米前數

改漕耗米一百四十七石三斗九升五合四勺

按前欵原徵米一百七十二石一斗三升四合三勺今減米二十四石七斗三升八合九勺外尚應徵米前數

白糧正米三百四十六石七斗九升二合七勺

耗米一百五十六石五升六合七勺

按前項正耗米石照章不減仍照原數科徵

行糧本色米一百七十九石八斗一升九合一勺

按前欵原徵米二百一十石今減米三十石一斗八升九勺外尚應徵米前

數
月糧本色米九百二斗五升一合九勺
按前欵原徵米一十石八斗四合八勺今
減米一石五斗五升二合九勺外
尙應徵米前數
經費食本色米一百二十六石
按前項米石照章不減仍照原數科徵

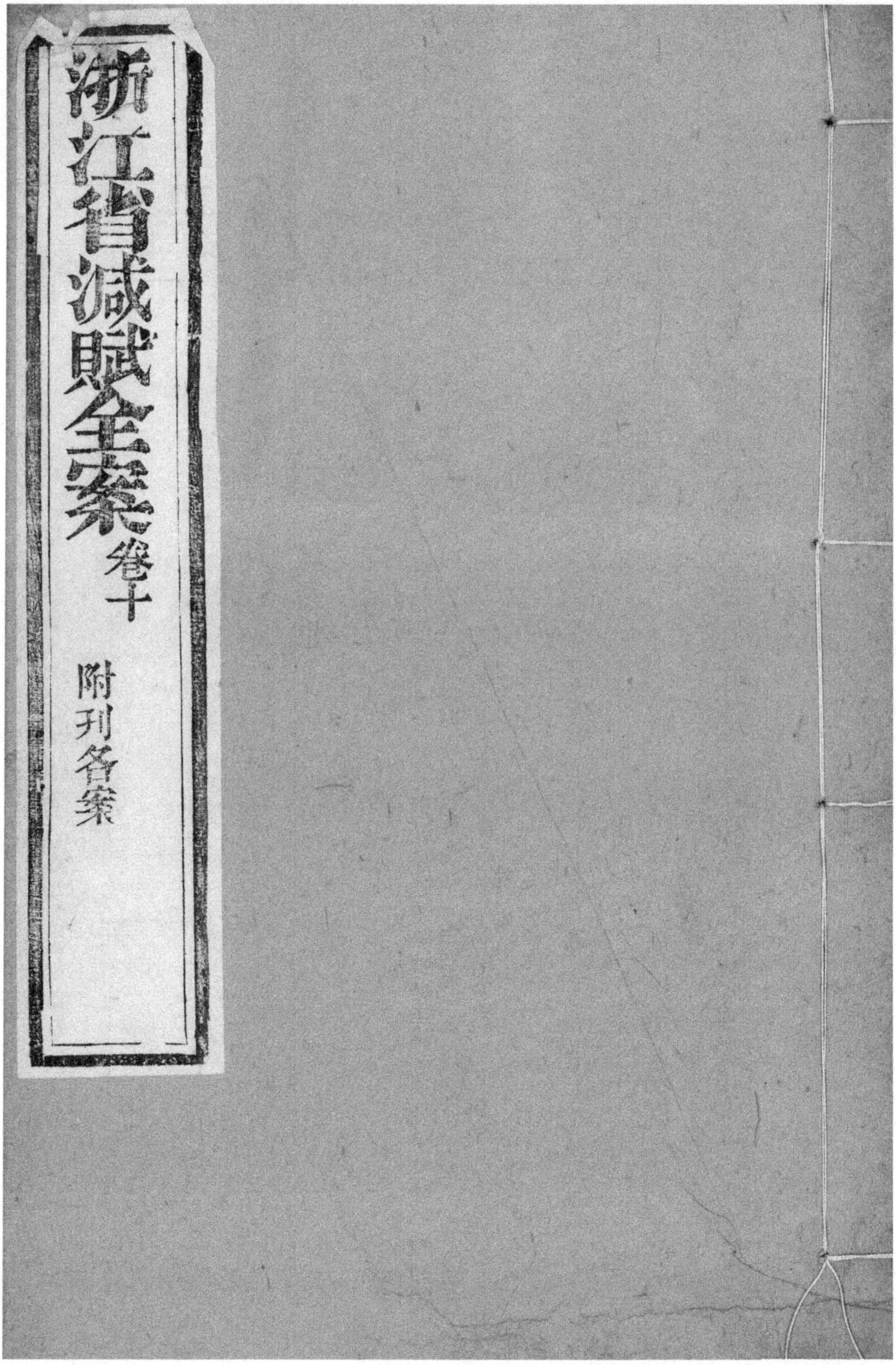
浙江省減賦全案卷十
附刊各案

03050
1725

浙江減賦全案附刊各案目錄

卷十

相符文

戶部咨復嘉善縣從前丈缺田地攤賠應豁米數既稱除減相

符應毋庸議文

浙撫奏請豁免海鹽縣無着學租動支耗羨撥補一摺并欽奉

上諭

浙撫咨海鹽縣無着學租奏請豁免動支耗羨撥補一案抄摺

咨達文

浙撫奏核減漕南浮收禁革陋規一摺并欽奉

上諭

浙江巡撫臣馬新貽跪

奏爲查明嘉善縣從前丈缺田地攤賠銀米籲懇

鴻慈准予豁免以甦民困恭摺具

奏仰祈

聖鑒事據嘉興府屬之嘉善縣知縣傅斯懌轉據闔邑紳民呈稱竊於前明宣德五年分嘉興縣之思賢等六鄉爲嘉善縣計區二十計額田六十萬一千三百一十六畝有奇因與嘉興秀水二縣壤地相連故善境嵌有興秀田畝區圖雖別册籍無稽萬歷十年善令於世延創互推之法康熙十年善令莫大勲有查丈之舉而疆界卒未能清賦額各仍其舊至康熙三十八年紹興府通判吳家瑜按畝清丈計虧缺田二百三十九頃所有丈缺

田畝應徵糧銀經前任巡撫張志棟
題請於丈實數內按畝加徵均攤補額四十一年奉部飭查四十
二年又委杭州府同知陳忱旦復行丈量四十三年前任巡撫
張泰交
題明該縣地屬水鄉波濤衝激河港日漸廣濶田地日漸坍削以
致缺額再奉部駁四十七年飭令嘉興秀水二縣隨同丈量復
經前任巡撫王然
題明按册合算丈實坐𠁊并丈缺各數均與從前兩次丈量之數
相符並無欺佔隱漏等弊經部定議均攤賠補以符原額乾隆
五年前任巡撫盧焯以賠補艱難
題請豁免未蒙覈准迄今百數十年歷久攤賠萬分苦累查全書

額載善邑田六十萬一千三百一十六畝有奇每畝額徵米一斗九升三合五抄銀一錢六分三釐九毫七絲復因查虧衝缺按田每畝加徵米七合九勺九抄一撮每畝加徵銀六釐八毫六絲七忽是以實田而計已增米至二斗一合一勺增銀至一錢七分二釐七毫不特較同府各屬爲數獨多即較之通省各州縣亦所僅見當承平之日小民安居樂業雖輸將竭蹷敢不勉力支持自髮賊據擾三載於茲顚連困苦不能罄述克復以來商賈稍稍復業而農民無以爲生所恃者惟此田畝虛村絶戶敗壘荒墳田之廢棄者無論矣即有可耕之田若無能耕之人兼之農具既不皆脩耕牛盡被宰傷往往數家之中置器一分而彼此通用一村之內蓄牛一頭而先後遞耕播種既不

同時收成必多偏歉加以傭工有費壅田有費貸牛賃具又有
費竭終歲之勞所得不償所費身家不暇計而先籌夫維正之
供衣食且不資而更困以公攤之欵民力幾何焉能不盡幸蒙
殊恩特沛漕糧統減三十分中之八分合郡士民同深感戴但減賦
原所以恤民而恤民莫要於除累以嘉善而言賦雖減而缺田
未除將來按畝起科仍須於減定新賦之外每畝加攤銀米方
符減額查原丈缺田二百三十九頃應賠米四千六百一十三
石八斗七升賠銀三千九百六十六兩七錢五分再以減額遞
燬仍應賠米三千二百五十一石五斗七升無論兵燹之餘民
力實有未逮卽以衡坍而論康熙三十八年以前缺額已如此
之多距今百有餘年坍削又不知凡幾而逆匪之掘港開濠通

河決壩而毁鈌者更不知凡幾若舉行丈量則勞民傷財曠時
失業流弊不可勝言若仍前賠補則虧外尚有續虧累中復多
暗累遺患更不堪設想民至於萬不得已則弱者逃而强者抗
於官有礙考成於民不免追呼官至於無可如何則輕報歉而
重報災在上仍須蠲緩在下未沾實惠是徒有補虧之名究無
補虧之實既無補虧之實則雖强符乎原額而要無濟於倉儲
於
國計民生兩無所益際此
皇仁渥沛豈宜再三瀆請惟念荒田懇種可待來年鈌額攤賠迄無
了日以重賦之區當大兵之後益以二萬餘畝之虚糧困以百
數十年之積累此時救死不贍治生綦難實田猶是荒拋虚畝

何堪科派減賦尚難羅掘加攤何以補苴籲懇將善邑從前丈
缺額田二百三十九頃攤賠銀米並請豁除等情具詳到臣當
經批司覈議去後茲據陞任藩司蔣益澧會同清賦局司道具
詳請
奏前來臣查嘉興府屬之嘉善一縣本係嘉興縣之東北六鄉前
於有明宣德年間畫分爲縣其間田地雖就畫分之界按畝釐
剔因奸民取巧隱匿有司隔縣推收遂致彼此互攤竟成缺田
弊政嗣因賦多缺額轇轕難清又復以攤徵補課勻額賠糧迨
後議請清丈共丈缺田地二百三十九頃有奇復將缺田應徵
銀米按畝勻加改更科則以免有虧
國課至乾隆年間屢請豁除攤賠無着銀米未經議准第查嘉善

境內官田最多賦額本重加以攤賠之糧更屬累上加累在承
平時民力尚紓或可竭力輸將今則亂離之後元氣過傷縱無
水旱偏災額賦已形竭蹷賠糧實有難支況小民終歲勤動得
不敷用抗欠疲玩勢所必至轉使每年錢漕不能全完徒有攤
賠之名仍無輸納之實我
皇上軫念民依所有杭嘉湖三府屬應徵永定之漕額尚蒙
恩施逾格普予量減此項匀攤鈌糧尤爲嘉善縣獨有之積累何忍
置之膜視且統計歲入之數銀米兩項均不足四千卽使毫無
蒂欠所補於
國用者無幾而小民之苦累無所底止合無仰懇
天恩疊沛准將嘉善縣丈鈌田二百三十九頃有零應攤徵銀三千

九百六十餘兩米三千二百五十餘石一併豁免以紓積困如

蒙

俞允並乞明降

諭旨俾得恭刊謄黄徧行曉諭以廣

皇仁而杜流弊至前項丈缺田地頃畝因代遠年湮文案毀失無憑

分晰稽覈並懇

敕部檢查原案發浙覈准應豁銀米確數另行咨報作爲該縣徵解

定額其未奉減定以前仍暫照原額徵解除咨部科外臣謹會

同閩浙總督臣左宗棠漕運總督臣吴棠合詞恭摺具

奏伏乞

皇太后

皇上聖鑒訓示謹

奏

同治五年四月十八日具

奏奉

旨戶部議奏欽此

戶部謹

奏爲遵

旨議奏事竊據浙江巡撫馬　新貽奏嘉善縣從前丈缺田地攤賠銀米籲懇豁免以甦民困一摺同治五年四月二十八日奉

旨戶部議奏欽此欽遵於三十日由內閣抄出到部據原奏內稱嘉興府屬之嘉善縣知縣傅斯懌轉據闔邑紳民呈稱竊嘉善縣額田六十萬一千三百一十六畝有奇康熙三十八年紹興府通判吳家瑜按畝清丈計虧缺田二百三十頃所有丈缺田畝應徵糧銀經前任巡撫張志棟

題請於丈實數內按畝加徵均攤補額乾隆五年前任巡撫盧焯以賠補艱難

題請豁免未蒙覈准迄今百數十年歷久攤賠萬分苦累查全書額載邑田六十萬一千三百一十六畝有奇每畝額徵米一斗九升三合五勺銀一錢六分五釐九毫七絲復因查虧衝鈌按田每畝加徵米七合九抄一撮每畝加徵銀六釐八毫七絲七忽是以實田而計已暗增米至二斗一合一勺增銀至一錢七分二釐七毫不特較同府各屬爲數獨多即較之通省各州縣亦所僅見查原丈鈌田二百三十九頃應賠米四千六百一十三石八斗七升應賠銀三千九百六十六兩七錢五分無論兵燹之餘民力實有不逮卽以衝消而論康熙三十八年以前鈌額已如此之多距今百有餘年坍削又不知凡幾而逆匪之掘港開濠通河挖壩而毁鈌者更不知凡幾若舉行丈量則勞民

傷財曠時失業流弊不可勝言若仍前賠補則虧外尚有續虧
累中復多賠累遺患更不堪設想我
皇上軫念民依所有杭嘉湖三府屬應徵永定之漕額尚蒙
恩施逾格普予量減而此項勻攤缺糧尤爲嘉善縣獨有之積累何
忍置之膜視且統計歲入之數銀米兩項均不足四千即使毫
無蒂欠所補於
國用者無幾而小民之苦累無所底止合無仰懇
天恩疊沛准將嘉善縣丈缺田二百三十九頃零應攤徵銀三千九
百六十餘兩米三千二百五十餘石一併豁免以紓積困至前
項丈缺田地頃畝因代遠年湮文案燬失無憑分晰稽覈並懇
飭部檢查原案發浙覈准應豁銀米確數另行咨報作爲該縣徵解

定額其未奉減定以前仍暫照原額徵解等語臣部查原奏內稱康熙年間嘉善縣清丈地畝虧缺田二百三十餘頃經前撫臣張志棟題請按畝加徵均攤補額乾隆年間前撫臣盧焯以賠補艱難題請豁免未蒙覈准等語查康熙乾隆年間各原案已經百數十年於咸豐九年臣部失火均被燬無存無從檢查其該省應造賦役全書內向有地畝及銀米細數例應十年造送一次迄今三十餘年之久從未據該撫造送以致地畝及銀米數目無從查覈且該撫奏稱丈缺田二百三十九頃應賠米四千六百一十三石八斗七升又稱統計歲入之數銀米兩項均不足四千又稱懇將應攤徵銀三千九百六十餘兩米三千二百五十餘石一併豁免臣等督飭司員按照原奏內額徵及

加徵數目細加覈算計銀數尚屬相符而米數前後則大相懸殊應令該撫將原額田畝及應徵攤徵銀米確數詳細造具清冊送部備案其該省應造送賦役全書一併令其趕緊造送至稱嘉善境內官田最多賦額本重加以攤賠之糧更屬累上加累在承平時民力尚紓或可極力輸將今則亂離之後元氣過傷縱無水旱偏災額徵已形竭蹶賠糧實有難支懇將嘉善縣丈缺地畝應攤徵銀米一併豁免等語查丈缺地畝攤徵銀米乾隆年間題請豁免未經議准者良以承平之時年穀順成閭有攤徵之欵小民具有天良無不樂於輸將率行議蠲未便照准今浙省新遭淪陷元氣未復百姓困苦力誠未逮若以丈缺之地仍加攤徵銀米勢必至積欠疲玩徒有攤賠之名終無徵

收之實且據稱此項匀攤鈌糧爲嘉善縣獨有之積累更未便
令其向隅應如所請將嘉善縣丈鈌田二百三十九頃有零應
攤徵銀三千九百六十餘兩米三千二百五十餘石一併豁免
如蒙
俞允並乞明降
諭旨由臣部行文該撫刋刻謄黃徧行曉諭務使實惠均霑以副我
皇上軫念民瘼之至意所有臣等遵議豁免嘉善縣攤賠銀米緣由
謹恭摺具
奏伏乞
皇上聖鑒謹
奏同治五年五月二十五日內閣奉

上諭戸部奏遵議豁免嘉善縣丈缺地畝銀米一摺浙江嘉善縣丈缺地畝銀米向在丈實田地内按畝均攤補額百姓歷年攤賠久形苦累現値兵燹之後閭閻元氣至今未復若將丈缺田畝攤賠銀米概行徵收民力恐益形拮据加恩着照所請所有嘉善縣丈缺田畝應攤徵銀三千九百六十餘兩米三千二百五十餘石著一併永遠豁免並著浙江巡撫卽行刊刻謄黃徧行曉諭務使實惠永霑用副朝廷軫念民瘼至意餘依議欽此

浙江巡撫部院馬　爲恭錄曉諭事照得查明嘉善縣從前丈缺田地攤賠銀米籲懇
鴻慈准予豁免以甦民困一案經本部院會同
爵督漕運部堂吳左　恭摺具
奏奉
旨戸部議奏欽此欽遵在案尚未接准
部覆茲本部院恭閱邸鈔內開同治五年五月二十六日內閣奉
上諭戸部奏遵議豁免嘉善縣攤賠銀米一摺浙江嘉善縣丈缺地畝銀米向在丈實田地內按畝勻攤補額百姓歷年攤賠久形苦累現值兵燹之後閭閻元氣至今未復若將丈缺田畝攤賠

銀米概行徵收民力恐益形拮据加恩著照所請所有嘉善縣
丈缺田畝應攤徵銀三千九百六十餘兩米三千二百五十餘
石著一併永遠豁免並著浙江巡撫即行刊刻謄黃徧行曉諭
務使實惠永霑用副朝廷軫念民瘼至意餘依議欽此查前項
缺額賠糧歷今數百餘年從前屢請豁除未經議准今仰蒙
特恩豁免實係非常
曠典至減免年分必須分晰辦理以示均平查本年錢糧尚未覈定
減數仍照原額徵解亦經
奏明在案所有該縣缺額賠糧案內錢糧一項應以同治六年爲
始漕米一項即以同治五年冬漕爲始一律減免永遠豁除以
蘇民困除俟接准部文恭刊謄黃另行頒發外合亟恭錄出示

曉諭爲此示仰嘉善縣糧戸人等一體欽遵知照如有經書庄
書人等妄稱使費藉端科泒一經指控立卽嚴拿究辦毋違特
示

浙江巡撫部院馬　爲欽奉事據布政使楊昌濬糧儲道英樸

會詳稱案於同治五年七月三十日奉准

戸部咨開浙江司案呈竊據浙江巡撫馬　奏嘉善縣從前丈

缺田地攤賠銀米籲懇豁免以甦民困一摺同治五年四月二

十八日奉

旨戸部議奏欽此欽遵於三十日由內閣抄出到部據原奏內稱嘉

興府屬之嘉善縣知縣傳斯懌轉據闔邑紳民呈稱竊嘉善縣

額田六十萬一千三百一十六畝有奇康熙三十八年紹興府

通判吳家瑜按畝清丈計虧缺田二百三十頃所有丈缺田畝

應徵糧銀經前任巡撫張志棟

題請於丈實數內按畝加徵均攤補額乾隆五年前任巡撫盧焯

以賠補艱難

題請豁免未蒙核准迄今百數十年歷久攤賠萬分苦累查全書額載邑田六十萬一千三百一十六畝有奇每畝額徵米一斗九升三合五勺銀一錢六分五釐九毫七絲覆因查虧冲缺按田每畝加徵米七合九抄一撮每畝加徵銀六釐八毫七絲七忽是以實田而計已暗增米至二斗一合一勺增銀至一錢七分二釐七毫不特較同府各屬爲數獨多卽較之通省各州縣亦所僅見查原丈缺田二百三十九頃應賠米四千六百一十三石六斗七升無論兵燹之餘民力實有不逮卽以冲消而論康熙三十八年以前缺額已如此之多距今百有餘年坍削又不知凡幾而逆匪之掘港開濠通河挖壩而毁缺者更不知凡

幾若舉行丈量則勞民傷財曠時失業流弊不可勝言若仍前

賠補則虧外尙有續虧累中復多賠累遺患更不堪設想我

皇上軫念民依所有杭嘉湖三府屬應徵永定之漕額尙蒙

恩施逾格普予量減而此項匀攤缺糧尤爲嘉善縣獨有之積累何

忍置之膜視且統計歲入之數銀米兩項均不足四千即使毫

無蔕欠所補於

國用者無幾而小民之苦累無所底止合無仰懇

天恩疊沛准將嘉善縣丈缺田二百三十九頃有零應攤徵銀三千

九百六十餘兩米三千二百五十餘石一併豁免以紓積困至

前項丈缺田地頃畝因代遠年湮文案燬失無憑分晰稽核並

懇

飭部檢查原案發浙核准應豁銀米確數另行咨報作爲該縣徵解
定額其未奉減定以前仍暫照原額徵解等語臣部查原奏內
稱康熙年間嘉善縣淸丈地畝虧缺田二百三十餘頃經前撫
臣張志棟題請按畝加徵均攤補額乾隆年間前撫臣盧焯以
賠補艱難題請豁免未蒙核准等語查康熙乾隆年間各原案
已經百數十年於咸豐九年臣部失火均被燬無存無從檢查
其該省應造賦役全書內向有地畝及銀米細數例應十年造
送一次迄今三十餘年之久總未據該撫造送以致地畝及銀
米數目無從查核且該撫奏稱丈缺田二百三十九頃應賠米
四千六百一十三石六斗七升又稱統計歲入之數銀米兩項
均不足四千又稱懇將應攤徵銀三千九百六十餘兩米三千

二百五十餘石一併豁免臣等督飭司員按照原奏內額徵及加徵數目細加核算計銀數尙屬相符而米數前後則大相懸殊應令該撫將原額田畝及應徵攤徵銀米確數詳細造具淸冊送部備案其該省應造送賦役全書一併令其趕緊造送至稱嘉善境內官田最多賦額本重加以攤賠之糧更屬累上加累在承平時民力尙紓或可極力輸將今則亂離之後元氣過傷縱無水旱偏災額徵已形竭蹶賠糧實有難支懇將嘉善縣丈缺地畝應攤徵銀米一併豁免等語查丈缺地畝攤徵銀米乾隆年間題請豁免未經議准者良以承平之時年穀順成即有攤徵之欵小民具有天良無不樂於輸將率行議蠲未便照准今浙省新遭淪陷元氣未復百姓困苦力誠未逮若以丈缺

之地仍加攤徵銀米勢必至積欠疲玩徒有攤賠之名終無徵
收之實且據稱此項勻攤缺糧爲嘉善縣獨有之積累更未便
令其向隅應如所請將嘉善縣丈缺田二百三十九頃有零應
攤徵銀三千九百六十餘兩米三千二百五十餘石一併豁免
如蒙
俞允並乞明降
諭旨由臣部行文該撫刊刻謄黄徧行曉諭務使實惠均霑以副我
皇上軫念民瘼之至意所有臣等遵議豁免嘉善縣攤缺銀米緣由
謹恭摺具
奏伏乞
皇上聖鑒謹

奏同治五年五月二十五日內閣奉
上諭戶部奏遵議豁免嘉善縣丈缺地
畝銀米向在丈實田地內按畝均攤補額百姓歷年攤賠久形苦
累現值兵燹之後閭閻元氣至今未復若將丈缺田畝攤賠銀米
概行徵收民力恐益形拮据加恩着照所請所有嘉善縣丈缺田
畝應攤徵銀三千九百六十餘兩米三千二百五十餘石着一併
永遠豁免並着浙江巡撫即行刊刻謄黃徧行曉諭務使實惠永
霑用副朝廷軫念民瘼至意餘依議欽此欽遵等因到院行司奉
此當經刊刷謄黃發縣徧貼曉諭并飭將原額田畝應徵攤徵
銀米確數詳細造冊並造賦役全書送核詳咨去後茲據嘉興
府詳據嘉善縣詳稱請豁丈缺田地二百三十九頃有奇原定

浙撫咨行奉嘉善縣從前缺田地攤賠應豁米石除減核數相符文

上則起科每畝徵米一斗九升三合四抄九撮零計徵米四千六百一十三石八斗七升此卽從前應賠之數迨上年欽奉
恩旨查辦減漕分則核算於原額三十分中統減八分臯縣田地徵糧科則係在一斗九升以上奏准每畝減米五升七合實應每畝徵米一斗三升六合四抄九撮九粟零合計丈缺田二百三十九頃已減去米一千三百六十二石三斗除減尚應徵米三千二百五十餘石此卽現在請豁之數是米數雖前後懸殊而除減則均相符合並稱前項丈缺應徵銀米原
奏內有未奉減定仍暫照額徵解之語在本年條銀起徵在先奉豁在後仍應照常徵輸俟同治六年再行扣豁惟本年米欵奉
旨准豁在未經啟徵之先開倉在邇應先減豁造具原額丈缺田地

頃畝實徵科則攤賠各米數暨本年無閏應徵應攤請豁漕南各數目清冊詳送核咨定案並聲明應徵攤徵缺額銀欵細冊暨賦役全書另行查造詳咨等情前來本司道等查冊開原丈缺額田二百三十四頃六十六畝六分一釐又地四頃三十三畝三分九釐共丈缺田地二百三十九頃計攤賠米三千二百五十石九斗五升七合七勺內漕白行月食正耗米二千五百二十九石六斗六升七合五勺又南祭等正耗米七百二十一石二斗九升二勺核與原案請豁之數相符惟送到清冊僅止一套應先請咨明

戶部查核一面補取到日另呈備案除飭將有閏之年應徵攤徵各米欵暨應徵攤徵銀欵分別有閏無閏各確數並同賦役

全書分别趕造續詳請咨外理合將送到清冊先行詳候咨送
戶部查核定案等情到本部院據此相應咨明爲此合咨
貴部煩請查照定案施行須至咨者
同治五年十一月二十日咨
戶部

戶部爲欽奉事浙江司案呈准浙江巡撫馬　咨稱據布政使

楊昌濬詳稱奉准

戶部咨開據浙江巡撫馬　奏嘉善縣從前丈缺田地攤賠銀

米額懇豁免以甦民困一摺同治五年四月二十八日奉

旨戶部議奏欽此欽遵抄出到部本部查原奏內稱康熙年間嘉善

縣清丈地畝虧缺田二百三十餘頃經前撫臣張志棟題請按

畝加徵均攤補額乾隆年間前撫臣盧焯以賠補艱難題請豁

免未蒙核准等語查康熙乾隆年間各原案已經百數十年於

咸豐九年臣部失火均被燬無存無從檢查其該省應造賦役

全書內向有地畝及銀米細數例應十年造送一次迄今三十

餘年之久總未據該撫造送以致地畝及銀米數目無從查核

且該撫奏稱丈缺田二百三十九頃應賠米四千六百一十三石六斗七升又稱統計歲入之數銀米兩項均不足四千又稱懇將應攤徵銀三千九百六十餘兩米三千二百五十餘石一併豁免查原奏內額徵及加徵數目細加核算計銀數尙屬相符而米數前後大相懸殊應令該撫將原額田畝及應徵攤徵銀米確數詳細造具清冊送部備案其該省應造送賦役全書一併令其趕緊造送至丈缺地畝攤徵銀米乾隆年間題請豁免未經議准者良以承平之時年穀順成即有攤徵之欵小民具有天良無不樂於輸將率行議蠲未便照准今浙江新遭淪陷元氣未復百姓困苦力誠未逮若以丈缺之地仍加攤徵銀米勢必至積欠疲玩徒有攤賠之名終無徵收之實且據稱此

項均攤缺糧爲嘉善縣獨有之積累更未便令其向隅應如所
請將嘉善縣丈缺田二百三十九頃有零應賠徵銀三千九百
六十餘兩米三千二百五十餘石一併豁免等因具奏奉
上諭戶部奏遵議豁免嘉善縣攤賠銀米一摺浙江嘉善縣丈缺地
畝銀米向在丈實田地內按畝均攤補額百姓歷年攤賠久形苦
累現值兵燹之後閭閻元氣至今未復若將丈缺田畝攤賠銀米
概行徵收民力恐益形拮据加恩着照所請所有嘉善縣丈缺地
畝應攤徵銀三千九百六十餘兩米三千二百五十餘石着一併
永遠豁免並着浙江巡撫即行刊刻謄黃徧行曉諭務使實惠永
霑用副朝廷軫念民瘼至意餘依議欽此欽遵等因當經刊刷謄
黃發縣徧貼曉諭並飭將原額田畝應徵攤徵銀米確數詳細

造冊並造賦役全書送核詳咨去後玆據嘉興府詳據嘉善縣
詳稱請豁丈缺田地二百三十九頃有奇原定上則起科每畝
徵米一斗九升三合四抄九撮零計徵米四千六百一十三石
八斗七升此卽從前應賠之數迨上年欽奉

恩旨查辦減漕分則核算於原額三十分中統減八分㸃縣田地徵
糧科則係在一斗九升以上奉准每畝減米五升七合實應每
畝徵米一斗三升六合四抄九撮九粟零合計丈缺田二百三
十九頃已減去米一千三百六十二石三斗除減尙應徵米三
千二百五十餘石此卽現在請豁之數是米數雖前後懸殊而
除減則均相符合並稱前項丈缺應徵銀米原奏內有未奉減
定仍暫照額徵解之語在本年條銀起徵在先奉豁在後仍應

照常徵輸俟同治六年再行扣豁惟本年米欵奉
旨准豁在未經啟徵之先開倉在邇應先減豁造具原豁丈缺田地
頃畝實徵科則攤賠各米數暨本年無閏應徵應攤請豁漕南
各數目清册詳送核咨定案並聲明應徵攤徵鉠額銀欵細册
暨賦役全書另行查造詳咨等情前來查册開原丈鉠額田二
百三十四頃六十六畝六分一釐又地四頃三十三畝三分九
釐共丈鉠田地二百三十九頃計攤賠米三千二百五十石九
斗五升七合七勺內漕白行月食正耗米二千五百二十九石
六斗六升七合五勺又南祭等正耗米七百二十一石二斗九
升二勺核與原案請豁之數相符惟送到清册僅止一套應先
請咨明戸部查核一面補取到日另呈備案除飭將有閏之年

應徵攤徵各米欵暨應徵攤徵銀欵分別有閏無閏各確數並
同賦役全書分別趕造續詳請咨外理合將送到清冊先行詳
請咨送戶部查核定案相應咨明等因前來查本部前經議覆
浙撫奏嘉善縣從前丈缺地畝攤賠銀米懇請豁免以甦民困
摺內所稱該縣額徵及加徵丈缺請豁銀米數目細加核算計
銀數尚符而米數前後大相懸殊應令該撫將原額田畝及應
徵攤徵銀米確數詳細造具清冊送部備案其該省應造賦役
全書一併令其趕緊造送奏奉
諭旨行文該撫遵辦在案今據該撫咨稱據嘉善縣詳稱請豁丈缺
田地二百三十九頃有奇原定上則起科每畝徵米一斗九升
三合四抄九撮零計徵米四千六百一十三石八斗七升此郎

從前應賠之數迨上年欽奉
恩旨查辦減漕分則核算於原額三十分中統減八分該縣田地徵糧科則係在一斗九升奉准每畝減米五升七合實應每畝徵米一斗三升六合四抄九撮九粟零合計丈缺田二百三十九頃已減去米一千三百六十二石三斗除減尚應徵米三千二百五十餘石即現在請豁之數是米數雖前後懸殊而除減則均相符合造具無閏應徵應攤請豁漕南各數目清冊送部等因本部檢查該縣造送冊內應徵原額丈缺額田請豁米數核算亦屬相符即據聲覆應毋庸議除將送到清冊備查外並令該撫即將該省應造賦役全書趕緊送部以便備查相應咨覆浙江巡撫查照可也須至咨者

同治六年六月二十一日咨

同治六年九月初九日

浙江撫院准咨

浙江巡撫臣馬新貽跪

奏爲懇

恩豁免無着學租動支耗羡撥補以符原額恭摺具

奏仰祈

聖鑒事竊查浙省年額應徵學租銀三千五十兩九錢九分二八釐內以一千七百兩添補學臣養廉餘作賑給貧生之用兵燹後或因荒淤無着或因蠲免停徵收解遂難如額上年海鹽縣詳報該縣學田皆係前朝縉紳捐助所助之田俱屬沿海磽瘠更有助租而實未捐田者迨後原捐子孫窮苦將田輾轉售賣不知下落而納戶姓名仍載官册已屬紙上空談曾於雍正七年奉豁銀七十餘兩載在誌乘其餘租銀一百二十兩三錢二八分三

釐彼時官冊俱在尚有納戸可追今遭兵燹冊籍蕩然迭經博訪周諮僅得入戸應納租銀二十三兩九錢餘銀九十六兩四錢六分三釐無從根查檢同誌書詳請永遠豁免等情卽經批司查議詳辦去後兹據布政使楊昌濬詳稱海鹽縣學田租銀檢核縣誌確係捐自前朝類皆有租無田兵燹之後冊案無稽飭據該府縣覆查現在無着租銀九十六兩四錢六分三釐應請永遠豁免所豁缺額銀兩溯查嘉慶五年金華縣學田被水冲壓豁額無徵租銀奉准於該縣耗羡款內動支湊解又道光十七年海甯州因築塘阡用學田豁免租銀亦奉准于司庫耗羡內撥補所有海鹽縣無着學田租銀請以同治五年爲始永遠豁免並循案於司庫耗羡項下按數撥補用符原額至各屬

同治二三四年學租銀兩均未徵解如額所缺二三年之數已

由學臣行令免補其四年缺額銀二百八十五兩一錢七分三

釐已由司籌墊解送並請於五年耗羨項下撥補詳請具

奏前來臣復核無異合無仰懇

天恩俯准將海鹽縣無着學田租銀以同治五年爲始永遠豁免並

准於司庫耗羨項下撥補歸額除咨明戶部查照外謹會同閩

浙督臣吳棠浙江學政臣吳存義恭摺具

奏伏乞

皇太后

皇上聖鑒訓示謹

奏同治六年五月二十三日會

奏同治六年六月二十四日內閣奉

上諭馬新貽奏懇請豁免無着學租一摺浙江海鹽縣學田租戸因兵燹之後册籍無存多無下落該撫援案奏請豁免加恩着照所請所有海鹽縣學田無着租戸應納租銀九十六兩零准其以同治五年爲始永行豁免餘着照所議辦理該部知道欽此

浙江巡撫部院馬　爲咨達事爲照海鹽縣無着學租懇
恩豁免動支耗羨撥補經本部院於同治六年五月二十三日會同
督學部院堂恭摺具
奏除行藩司移行查照外相應鈔摺咨達爲此合咨
貴部煩請查照施行
　　計鈔摺
同治六年六月初二日咨
戶部

浙江巡撫臣馬新貽跪

奏爲核減漕南浮收禁革陋規以肅漕政而蘇民困恭摺仰祈

聖鑒事竊照浙省正漕分成核減業奉

恩准嗣遵部議以漕項籌抵運費復經臣具

奏覆准在案漕額既減運費亦籌軫恤民艱有加無已而額外浮收若不痛加裁汰核實酌留仍無以蘇民困查從前浮收之由始則河運之貼幫繼則海運之貼費浙省自改辦海運以來津貼之多寡卽視幫費之輕重爲定每運漕米一石自三錢至七錢不等統算約計五錢有奇以銀合米每石須加米三斗以上以全漕九十五萬石計之約計收米三十餘萬石方敷海運津貼之費加以州縣辦漕用款名目紛繁內有紳衿大戶正賦之

外顆粒不加甚至有把持包攬等事勢不能不取盈於鄉曲之小戶以爲挹茲注彼之謀其中本折並收或以米加耗或以錢合米大小戶長短不等最重之戶正漕一石竟有完米至一石七斗以上者此完漕之不均浮收之所自來也臣與藩司蔣益澧前護糧道薛時雨訪查各州縣徵收漕南舊規從嚴釐剔除酌留耗餘以爲辦公之用照現改新章徵收計杭州府屬共可減浮收米六萬四千六百五十三石嘉興府屬共可減浮收米二十八萬五千三百八十七石湖州府屬其可減浮收米一十三萬六千八百六十六石三府共計減去浮收米四十八萬六千餘石又漕南統徵分解米款向以徵剩漕米歸南多係疲玩小戶歷來折錢完納亦有浮收今一併核減杭嘉湖三府南米

其可減浮收錢二十四萬七千餘串此從前漕南收數過多現擬核減之大概情形也所有原奏內州縣辦漕如修整倉廒書役辛工剝兌守候等費皆屬萬不可省之用並有漕倉剝船各處折耗爲數亦多現在酌留耗餘僅令勉敷辦公從前一切陋規浮費概行裁汰飭將留裁各款目造册存案並明白曉示勒石永禁漕糧概完本色紳民一律徵收不得再有大小戶名目其有情願完折者按照市上米價隨時收納悉聽民便至杭屬之新城於潛昌化等縣完納漕糧向收折色官爲辦運應仍照舊辦理按照市價徵收如敢仍蹈從前勒折浮收陋習一經發覺嚴參治罪惟大戶向完漕米並不加耗此次旣定新章酌留漕用旣云紳民一律不得再分軒輊恐各大戶仍以從前完數

藉口不肯加耗起而與地方官爲難一縣之中大戸居其半若小戸有耗大戸無耗必至復事浮收否則不敷漕用於漕務新章大有妨礙嗣後倘有紳衿恃勢把持仍前包攬短交自應一併從嚴參辦茲據該司道具詳前來臣復核無異應俟收漕時嚴督州縣正已爲先除酌留耗餘外不准顆粒浮收仍沿積習庶民心悅服照章樂輸至大小衙門一應陋規抽風等項概行禁革如敢違犯官參吏處以杜弊源而肅漕政臣謹會同閩浙督臣左宗棠恭摺具

奏伏乞

皇太后

皇上聖鑒訓示再本年應徵起運新漕米數早經飭查具報祇因杭

湖二府克復未久冊檔遺失田地荒熟錯雜履勘非易急切未
能核定現仍勒限嚴催一俟彙齊即行馳
奏合併聲明謹
奏
同治四年九月二十八日會
奏十月初九日奉
上諭馬新貽奏核減漕南浮收禁革陋規以肅漕政一摺浙省正漕
前經降旨分成核減並准部議以漕項籌抵運費皆所以軫恤民
艱茲據馬新貽奏稱請將額外浮收痛加裁汰核實酌留耗餘辦
公以蘇民困計杭州府屬共可減浮收米六萬四千六百餘石嘉
興府屬共可減浮收米二十八萬五千餘石湖州府屬共可減浮

收米十三萬六千八百餘石杭嘉湖三府南米共可减浮收折色錢二十四萬七千餘串從前一切陋規概行裁汰各等語即着照所請將留裁各款目造册存案並着該撫等明白曉示勒石永禁漕糧概完本色其有情願完折者按照市價收納悉聽民便至杭屬之新城於潛昌化等縣漕糧向收折色官爲辦運仍着照舊辦理按照市價徵收倘有不肖州縣仍敢蹈從前勒折浮收陋習即着該督撫嚴參治罪至所稱浙省大戶完漕並不加耗甚至把持包攬等弊經此次改定新章之後紳民一律徵收不准有大小戶名目再分軒輊倘有紳衿等恃勢把持仍前包攬短交一併從嚴參辦餘着照所議辦理欽此